大夏书系·全国中小学班主任培训用书

小学主题教育活动创意设计与实施

王怀玉 编著

华东师范大学出版社
全国百佳图书出版单位
·上海·

图书在版编目（CIP）数据

小学主题教育活动创意设计与实施/王怀玉编著.—上海：华东师范大学出版社，2022

ISBN 978-7-5760-2766-2

Ⅰ.①小… Ⅱ.①王… Ⅲ.①活动课程—教学设计—小学 Ⅳ.①G622.3

中国版本图书馆CIP数据核字（2022）第053337号

大夏书系·全国中小学班主任培训用书

小学主题教育活动创意设计与实施

编　　著	王怀玉
副 主 编	赵　霞　谭细龙　徐　静　王　琼
责任编辑	卢风保
责任校对	杨　坤
封面设计	奇文云海·设计顾问
出版发行	华东师范大学出版社
社　　址	上海市中山北路3663号　邮编　200062
网　　址	www.ecnupress.com.cn
电　　话	021-60821666　行政传真　021-62572105
客服电话	021-62865537
邮购电话	021-62869887　地址　上海市中山北路3663号华东师范大学校内先锋路口
网　　店	http://hdsdcbs.tmall.com
印 刷 者	北京季蜂印刷有限公司
开　　本	700×1000　16开
插　　页	1
印　　张	14
字　　数	214千字
版　　次	2022年7月第一版
印　　次	2022年7月第一次
印　　数	6 100
书　　号	ISBN 978-7-5760-2766-2
定　　价	55.00元
出 版 人	王　焰

（如发现本版图书有印订质量问题，请寄回本社市场部调换或电话021-62865537联系）

编委会

编 著： 王怀玉

副主编： 赵 霞　谭细龙　徐 静　王 琼

编 委（排名不分先后）：

邓景秀　樊玉玲　胡 芸　蒋晓曦　贾俊辉　康 莉　罗卓姬
李世勇　刘丹妮　林梦雅　李永红　麦丽萍　彭明康　汤舒婷
唐玉佳　王 琼　王 华　徐 静　肖 娟　许馨月　杨淑萍
赵 霞　张银珠　周嘉玲　钟经廷

常规活动微创新,班级特色创品牌

决定携手工作室团队撰写这本《小学主题教育活动创意设计与实施》,主要针对班主任同为学科教师,在日常工作中面对千头万绪的教育教学活动时,如何通过科学规划、统筹兼顾,顺应新时代的新要求和学生成长的"真"需求,让常规工作有新意、见实效,同时在改进常规工作过程中获得自我提升。这种价值定位体现在工作室三年研修之中,也体现在各位团队成员的班级实践中。

我们认为,聚焦常规工作中的微变革和创意策略具有很强的现实意义:时下,各级各类学校都不同程度存在着学校常规德育活动与学科教学活动以及班级特色活动相割裂的问题。而任何一个班级的发展、任何一名班主任的成长,均离不开日常教育教学工作这片基本土壤的滋养,所以我们梳理了突破性策略的设计与实施,以提升班主任的思维品质。

创新,不是一味求新、求异,而是在"继承"和"传承"中求发展,指向未来,不故步自封,向前探索。

创新,不是否定常规,否定传统,而是扎根于基础常规,在基础规范、基本事项到位的基础上进行微变革。不管是哪个阶段的班主任,落实学校常规工作是本分,做好教学工作是本质,而将校级常规、学科教学与班级发展融合起来,则是一种"基于常规而又超越于常规"的价值追求,是需要推陈出新的真本事。

创新,不能止于活动形式的创新,更要有思维方式的变革,实现年段间的自然承接，学科间的综合融通，校内外的无缝对接。

"基于常规而又超越于常规"的定位，体现的是一种扎根日常、向上生长的精神特质，一种"甘守平凡却又不甘于平庸"的务实态度，一种自我更新、不断求索的生活态度。

本书中的常规活动微创新主要体现在以下几个方面：

（1）横向串联（从割裂到融合），即打通学校、学科和班级活动之间的有机联系，有效整合，形成主题大单元教育活动的同步策略。（凸显班主任与学科老师的联手）

（2）纵向生长（从点状到序列），即基于某项应景性活动的生长点、衍生点进行开发，让阶段性活动形成序列的设计策略。（凸显对学校常规活动的"改造、变通和发展"）

（3）立体增容（从单一到综合），即使一项常规活动综合效能的组合式目标达成的创新策略。（凸显对每项活动价值意义的综合开发，尤其重视活动本身"策划—实施—重构"的全过程设计）

主题分类：根据学校各类常规活动类型进行梳理，涉及"班级系列活动""学科专题活动""校级常规活动"三大主题，每一主题下再划分出对应小主题。

每个活动案例的写作遵循以下结构：活动策划背景（对应常规活动的不足以及想求得的突破）、活动流程设计与实施（每一流程体现学生的主体参与性及教师的引领性）、活动反思与延伸（说明本案例设计在实操中应注意的问题及后续延伸性系列活动的设计，也可说明不同年段或不同地区活动实施的变式）。

王怀玉

第一章　班级系列活动"升级版"

主题一：家校协同，自主内化
　　——以小学1—3年级班规制定为例　　　　003

主题二：系统规划梯级成长
　　——以自闭症班级建设的六年规划为例　　　012

主题三：自我评价，反思提高
　　——班级自我评价系列活动设计　　　　018

主题四：换位思考，学会交往
　　——巧用箱子活动引导换位思考　　　　027

主题五：自创班歌，凝心聚力
　　——班级文化建设的班歌创作活动　　　032

主题六：家委参与，跨级联谊
　　——以班级阅读为主题的跨级联谊活动　　038

主题七：亲子共读，亲情流淌
　　——城市流动家庭的亲子共读设计与实施　044

主题八：传承国粹，玩转京剧
　　——元旦京剧进班级主题活动　　　　053

主题九：祖孙互学，其乐融融
　　　——祖孙互学共度重阳佳节　　　　　　　　　　　058

主题十：创意家长会，温暖家长心
　　　——小组互助式家长会　　　　　　　　　　　　064

第二章　学科专题活动"微变革"

主题一：阅读探究，职业启蒙
　　　——职业主题阅读活动设计　　　　　　　　　　073

主题二：行走深圳，感受美好
　　　——综合性主题学习系列活动　　　　　　　　　080

主题三：美食计成本，数学生活化
　　　——培养数学生活素养之美食会活动　　　　　　086

主题四：小队合作，秀出风采
　　　——班级"美玉草木风采秀"活动　　　　　　　092

主题五：朗读大舞台，我读故我在
　　　——在班级自主朗读文化创建中促学生发展　　　097

主题六：建语言之梯，促技能之用
　　——以自闭症儿童班级"生活语文"课程开发为例　　104

主题七：趣味学英语，节点巧展示
　　——疫情下班级英语云艺术节活动　　112

主题八：分类做得好，垃圾变成宝
　　——垃圾分类主题实践活动　　120

主题九：拆分重组，班本转化
　　——道德与法治课融入班级建设实施策略　　126

主题十：小组共读，促进交往
　　——复合型综合学习小组共读活动　　134

第三章　校级常规活动"微创新"

主题一：新学年，新自我
　　——9月入学教育　　143

主题二：少年强，则国强
　　——国庆节庆典主题教育活动　　151

主题三：青春飞扬，叱咤赛场
　　——精彩纷呈的运动会　　156

主题四："网络春晚"，我嗨我秀
　　——班级"网络春晚"主题活动　　　　　　　　　　162

主题五：我的假期，我来策划
　　——以小学高年级学生自主策划假期活动为例　　168

主题六：新年派对，自筹资金
　　——班级财商系列活动之寒假创意展销会　　　　175

主题七：存善举，取文明
　　——"爱心银行"之三月学雷锋活动　　　　　　183

主题八：清明节，话清明
　　——节气文化与班级建设主题活动　　　　　　　189

主题九：端午粽，劳动美
　　——5月班级劳动主题特色活动　　　　　　　　196

主题十：颁奖盛典，嗨翻六一
　　——班级学年度颁奖盛典　　　　　　　　　　　201

主题十一：快乐暑假，安全自护
　　——"防溺水安全教育"班级特色系列活动　　　207

第一章

班级系列活动"升级版"

主题一：家校协同，自主内化
——以小学 1—3 年级班规制定为例

一 活动策划背景

规章制度是一个集体的成员进行自我行为约束的重要依据。我们常说"有规可依""有章可循"，强调的就是规章制度的重要性。作为班集体建设中的重要一环，班规的制定与实施对学生良好行为习惯的形成、班集体积极健康的发展起到了关键的作用。如何制定班规，班规内容如何呈现，以及如何具体实施，是我们研究"规章制度建设"的主要思考方向。

以往，我们更习惯于由老师对学生进行口头的约束，或者直接用《小学生行为准则》作为班规来要求学生。随着时代的变化，我们对班级建设的重视程度越来越高，为满足学生的个性化发展的实际需求，保持班集体的良性发展态势，我们需要制定更符合不同年段学生的心理特征的班规来约束学生的行为，引导他们进行正确的行为活动，帮助他们树立正确的是非观、价值观，最终形成崇尚真善美的道德观念。

在小学，特别是低年段，家长对孩子的学校生活的了解有较大的渴望，并希望能参与其中。因此，学生、老师、家长三位一体共同来完成班规的制定，对班规的实施可以起到良好的促进作用。与此同时，对于三者要有清晰而准确的定位。学生是校园生活的主体，是班级向前发展的推动者，是班规制定的参与者。老师是学生校园生活的导航员，引领着学生在正确的航道里前行，是班规制定的引导者。家长是学生成长的监护人，陪同学生稳步向前发展，是班规制定的认同者。

二 活动流程设计与实施

第一阶段：一年级激趣懂规

一年级的学生刚入学，对校园充满了新鲜感。学校生活中的方方面面对于他们来说，都是一种新奇的体验。从书包的摆放到学科知识学习，每一件事都需要老师进行耐心细致的教导。待入学一段时间后，学生的新鲜感消失，自身的认知和行为问题将会越来越多地暴露出来，老师要进行及时的干预和引导，班规的制定在此时显得尤为重要。

1. 看视频，学规范

在班会课上，老师通过播放由"校园电视台"制作的宣传视频《我们的一天》，带领学生梳理在学校生活的每一项内容。根据视频的画面，由学生简单说出校园生活中每项内容的具体要求，如早上准时到校、安静整齐排队、桌椅摆放有序、课间文明游戏等。根据学生的描述，老师把口头语言整理成书面文字。

2. 读儿歌，记班规

根据学生的年龄特点，以儿歌的形式进行班规的主题内容呈现：

准时到校不迟到，进门说声老师好。着装整齐排好队，快快乐乐做早操。
铃声一响进教室，文具书本放桌角。上课认真不走神，积极举手把言发。
课间游戏要安全，课后做好爱眼操。不要打闹不要吵，你看书来我画画。
垃圾扔进垃圾桶，齐心协力做值日。放学排队快静齐，平平安安回家去。
完成作业要迅速，收好书包早休息。拾金不昧爱助人，争做文明好少年。

一年级的学生看到班规中全是他们熟悉了解的内容，甚至有的内容还是自己说出来的，顿时备感亲切和喜欢，不一会儿，班规的内容便熟记于心了。

3. 共协商，取名字

根据学生的提议，班规有了一个响亮的名字——《我们的约定》。在班规正式执行之前，笔者把班规放到班级群中，请家长了解并提建议。在家长的提议下，我们对班规进行了修改和调整。一个星期后，学生和家长都认同了《我们的约定》的内容。在家委的协助下，我们把班规内容制作上墙，使它成为了班级文化的一部分。

我们的约定
——一（1）班班级公约

准时到校不迟到，进门说声早上好。着装整齐排好队，认认真真做早操。
铃声一响进教室，文具书本放桌角。上课听讲不走神，积极举手把言发。
课后做好爱眼操，保护视力看远方。课间游戏要安全，放松身心蹦蹦跳。
垃圾扔进垃圾桶，齐心协力做值日。放学排队快静齐，平平安安回家去。
完成作业要主动，收好书包早休息。拾金不昧爱助人，争做文明好少年。

4. 勤记录，自主评

根据班规内容，我们制作了"班级一日常规记录卡"，对学生每天的一日常规活动进行记录和评价。渐渐地，《我们的约定》成了学生行为的导向和准则。在日常生活中，他们通过《我们的约定》来进行是非的辨别，达到了让学生进行自我教育的目的。

【实操小贴士】对于一年级的学生来说，用语言完整准确地表达自己的想法还存在一定的难度。老师和家长在班规制定的过程中，要起到积极引导的作用，但是学生作为校园生活主体这一点不能忽略，让学生参与其中，才能使他们萌发校园的主人翁意识。

第二阶段：二年级体验定规

升入二年级后，学生的身心发展较一年级时有明显的进步，熟悉了解了校园生活的规则，能够较好地进行自我约束。在校园生活中，他们也有了更多的自主空间：可以自行到食堂就餐，可以到图书馆借阅图书，可以担当"一日常规检查员"，可以更多地参与到小队和中队活动中。因比，随着学生的身心变化和校园生活环境的变化，班规也要进行调整。

1. 关键词，共梳理

进入二年级的第一周，笔者以"我们应该这样做"为主题召开了班规制定班会。通过一年的学习时光，他们已经能用语言准确地描述自己的想法了。我们通过"图片纠错""情景剧展示""秩序你我他拍手歌""寻找身边的榜样"等几个环节，确定了新学年的行为要求。笔者和学生一起梳理了校园生活的12个内容关键词：入校、说话、礼仪、上课、排队、做操、站岗、作业、就餐、交友、卫生、放学。

2. 新班规，小组议

学生以6人小组为单位，开始梳理这12个内容的具体要求。每一位学生都参与其中，一人书写其中两条内容。班会课结束后，一共收到了42名学生书写的84条内容。随后，我们利用班级群开展投票活动，学生和家长一起选出与12个内容关键词最贴切的12句话。活动结束后，我们在班级里进行了颁奖仪式，公布了新入选班规的12条内容。经学生提议，我们的新班规名叫《我们应该这样做》。虽然新班规只选了12句话，但是这12句话却是全体学生智慧的结晶。在新的班规上墙后，每一位学生都郑重签下自己的姓名，履行我们共同的约定。

我们应该这样做——二（1）班班级约定			
入 校	我们每天早上应该准时到校，在校门口要向迎宾的同学回敬队礼，并大声问好。	佳慧子展恩心景一佳音子翠	仪颖悦艺明阳明桐宇珊洲婷……
说 话	我们见到老师和客人应该主动问好，与同学交往不说脏话，使用文明语言"请""谢谢"。做错事情要说"对不起"，帮助别人要说"没关系"。		
礼 仪	我们应该正确佩戴红领巾和队徽，升国旗时要敬礼，唱国歌时声音响亮，进办公室前先敲门，得到允许才能进。		
上 课	我们应该做好课前准备，书本文具盒要摆放好，静息等待老师进课堂。上课认真不插嘴，积极举手发言。		
排 队	我们排队时应该动作迅速不说话，路队行进要整齐，上下楼梯应该靠右走。		

续表

我们应该这样做 ——二（1）班班级约定		
做　操	我们应该认真做好爱眼体操，站在自己座位后面，眼球跟随音乐转动。做广播操时，要跟着节拍，动作到位有力量。	佳慧子展恩心景一佳音子翠…… 仪颖悦艺明阳明桐宇珊洲婷
站　岗	我们应该按时到岗，认真完成自己的岗位工作。	
作　业	我们应该认真完成作业，书写美观大方，不乱涂乱画，在规定时间内主动交作业。	
就　餐	我们应该排队就餐打饭，爱惜粮食不浪费，吃饭时不说话，吃完后主动清理餐桌，把餐盘和碗筷轻轻放回回收篮。	
交　友	我们应该与同学友好相处，不说让同学伤心的话，不翻同学的书包，不拿同学的东西。	
卫　生	我们应该爱护班级卫生，看到地面有垃圾要主动捡起扔进垃圾桶。放学时，主动摆好桌椅，做值日的同学要关好门窗和电器。	
放　学	我们应该迅速收拾书包，排好队，跟着老师到达班级姿送点，依次跟老师说再见。	

3.班会课，多练习

新的班规通过后，为了加深学生的印象，我们通过班会课时间带领学生进行学习，并进行小组合作排练。

我们把新班规与学校的"雏鹰争章"活动结合起来，通过"争章"活动来巩固学生对班规的理解和记忆。

4.新班规，灵活加

在班规实施的过程中，我们发现新班规并不能涵盖校园生活中的所有内容：在一个周末过后，学生发现教室旁的台阶两侧出现两个斜坡（残疾人通道），对于儿童来说，走斜坡比走台阶更有趣，于是在课间，经常看到学生在斜坡上来回奔跑。

为了解决这一问题，我们利用早读时间开展了"微班会"，向学生介绍了什么是残疾人通道，为什么要有残疾人通道。

了解了残疾人通道的意义后，学生展开讨论：我们能不能走残疾人通道?很快,学生得出一致结论:残疾人通道是给有需要的人通过的,我们不能走残疾人通道。为了固化和强调这一观点,笔者在黑板上开辟了一个区域,郑重写上:不能走残疾人通道!

一天、两天、一个星期,我们班再也没有学生走残疾人通道,如果有同学忘记了,他们会马上相互提醒。这临时开辟的班规栏和班规在发挥了它们应有的功能后,悄悄抹去了。

【实操小贴士】随着学生自我意识的增强,学生的学习能力和表达能力也得到逐步提升。在制定班规的过程中,他们的主体意识更加明确,参与感增强。老师和家长可以逐步放手,但是要注意从旁引导和协助。

第三阶段:三年级践行完善

1. 建设温暖型班集体

进入三年级,在一次以"拒绝校园欺凌"为主题的班会课后,学生感触较深,在他们的提议下,我们在《我们应该这样做》后面又加了一条:我们应该说温暖的话,做温暖的事,成为一个让别人感到温暖的人。在此后很长一段时间,学生常常把"温暖"这个词挂在嘴边,放在心上。

以此为契机,我们将"建设温暖型班集体"作为我们班级的内在发展目标,并将"温暖"的内涵进行延伸和放大。

2. 讨论问题解决方法

以班级卫生为例,低年级时,我们通过班级活动制定了卫生管理制度,孩子们养成了良好的卫生习惯,能够主动打扫教室的卫生并进行保持。可渐渐地,到了三年级以后,他们在卫生习惯上的随意性开始凸显:

画了画的小纸屑随处可见;桌腿缝里塞满了铅笔屑;校服挤成一团塞到抽屉里;水杯在地面上滚来滚去;书包的拉链开得大大的;上室外课时不关电教设备……

笔者对上述现象进行拍照,在班会课上展示给他们看。结果,跟孩子们一讨论,我才了解到,很多问题不是他们故意造成的,而是根本不知道解决的办法。

看来,对孩子们卫生习惯的培养还要细化具体,于是笔者把解决问题的办法跟孩子们一一分享,并做了示范。

出现的问题	解决的办法
画了画的小纸屑随处可见	每人自带一个垃圾袋,挂在桌子的挂钩上
桌腿缝里塞满了铅笔屑	削完的铅笔屑用纸巾包住扔掉
校服挤成一团塞到抽屉里	脱下来的校服挂在椅子的后背上
水杯在地面上滚来滚去	水杯统一放在教室的书柜里
书包的拉链开得大大的	及时合上书包
上室外课时不关电教设备	由专人每天负责

有了好的对策,还要有坚持下去的决心。每天中午放学时,笔者便来到教室,要求孩子们做好两件事再出教室:(1)摆桌椅;(2)捡垃圾。各组的小组长组织组员进行整理,整理完毕后,先由组长检查,再由值日班长检查。桌椅摆放整齐,沿着地线一点也不歪;地面干净整洁,放眼望去一片纸屑都没有;书包、校服、水壶的摆放,样样都要规范……全部检查合格后方可离开。一个好习惯的培养,至少需要21天。第一个月,笔者坚持每天中午到班提醒孩子们。后来,只要中午看到我到班,孩子们都会齐声大喊:摆桌椅,捡垃圾。这一喊,习惯就培养出来了,意识也增强了。

渐渐地,班级卫生成了我们班一张靓丽的名片,到班听课的老师都会感叹孩子们良好的习惯:上课时书本摆放规范,坐姿端正;下课时桌椅摆放整齐,有序离班;教室里整洁透亮,美观大方。确实,好的卫生习惯带给了孩子们好的生活和学习习惯。随着年岁增长,孩子们的自理能力和自主意识慢慢增强,在班级管理中,笔者开始尝试微笑着站在一旁,用心去感受他们的成长。

3. 自主创新班级文化

三年级下学期,我们班开展了《学雷锋,争做卫生小明星》的队会示范课,孩子的卫生环保意识得以进一步深化。借着这股东风,我们班开始了每月一次的净化班级大扫除活动。由班长和劳动委员把整个教室的环境卫生进行分工,再由各小队分领任务,每个小组都比着干活,每个组员也都比着干活。大到刷洗教室的地面和墙面，小到植物角里植物叶子上的灰，没有一处遗留，没有一处死角。看着班集体蓬勃向上发展，笔者的内心充满了感动和自豪。

根据我们的中队名和中队口号，他们自己设计了班级文化建设的方案。在建设过程中，人人都参与，人人都奉献。孩子们的力量和智慧再次展现，并且处处有惊喜：

原先的做法	创新的做法
用卡纸剪贴各区域的名牌（易撕破）	用卡纸剪完后，过塑再上墙
卫生角摆放购买的植物	购买植物种子，每人种植一小盆
我选定墙上粘贴的"名人名言"，再去印刷店制作成版	各自推荐喜欢的"名人名言"，擅长书法的同学书写成幅，定期更换
我选定班级"图书角"的书目	各小组进行推荐，集中购买

从卫生习惯的养成到学生生活素养形成的过程中，孩子们掌握了各项卫生技能，形成了良好的卫生意识，并将这种意识融入到自己的生活中。在班级建设的过程中，孩子们已经能够通过自己的发展来推动班级的发展，又通过班级的发展来提升自己的内涵。

【实操小贴士】学生的自我成长是我们教育的最终目标，他们能够通过身边的事情产生共情的心理，从而达到自我教育、自我成长。在学生步入中高年级后，班规不再是约束和规范他们行为的条条框框，而是引导他们成为更好的自己的行为指南。

三 活动反思与延伸

从一年级时由老师带领学生进行班规制定，到三年级学生自觉自发地进行班规的修改，学生的成长可见一斑，良好的班风在全体学生的共同努力下逐步形成。进入高年级以后，班规制定对班风的影响，良好的班风对学生的影响，体现在学生校园生活的方方面面。从班级文化的建设，到班级活动的开展，学生的自主性和规范性得到充分的展示。在这个过程当中，学生、老师、家长这三者的良好互动起到了关键的作用。学生对校园生活的喜爱、老师对学生成长的支持、家长对学校文化的认同，真正做到了三位一体，形成合力，共同向前。班级的凝聚力在班规的具体实施中，稳步提升。班规的制定与实施，在学生行为习惯的培养中起到了价值取向引寻的作用，书写了班集体建设中重要的篇章。

（彭明康）

主题二：系统规划梯级成长
——以自闭症班级建设的六年规划为例

一 活动策划背景

这是一个有着特别表现和特殊需求的群体——自闭症儿童，主要表现为不同程度的社会交往障碍、语言发育障碍、兴趣狭窄和行为方式刻板，75%～80%的自闭症儿童伴有不同程度的智力障碍，约2/3的自闭症儿童在成年之后在社会适应能力、工作能力和独立性方面较差，在日常生活和工作中需要家人和朋友的支持与协助。

（1）自闭症儿童现状分析：依据《中国自闭症教育康复行业发展状况报告3》的数据，自闭症儿童发病率已由2009年的1/88，上升至现在的1/45。报告称，中国自闭症发病率达0.7%，目前已约有超1000万自闭症谱系障碍人群，0～14岁患者或超200万，并以每年近20万的速度增长。当下，自闭症儿童人数逐年增多。

（2）自闭症班级培养路径：2011年笔者接手由12名中重度自闭症儿童组成的班级，他们大都6～8岁。为做到有效跟踪与调查研究，笔者在前期从四个方面对班级的发展以及学生的个别化成长做了总体规划。首先，设计精准的长短期目标作为班级生态化成长的基石；其次，打造高效的团队推动班级积极向上生长；接着，用主题合作的形式找到自闭症学生家庭教育的正确模式；最后，用个案研究梳理自闭症学生个性化成长的有效途径。

二 活动流程设计与实施

第一阶段（一、二年级）：低起点个体唤醒

一个班级的管理和发展需要有计划、有组织、有协调和有引领。对自闭症学生发展的规划、对家校共育的推动、对低年级自闭症常规课程开发的顶层设计都有着十分重要的作用。

1. 摸清学情，制定目标

通过观察，笔者发现一、二年级自闭症学生的特点，主要表现为常规秩序差、动作怪异、表情淡漠、哭闹，甚至某些场景下有暴力行为。新生入学评估明确显示本班学生都是中重度自闭症儿童。笔者一方面观察记录每个学生的行为特点以及沟通理解能力，一方面深入每个学生家庭，了解每一位自闭症儿童成长过程中的各种因素，力求根据每个学生的学习特点制订个别化教学计划。

这一阶段不仅要养成学生的常规行为，甚至还要落实上课要坐下等简单要求，找到合适的切入点影响家长，使家长和班级老师们一起努力，朝着目标一起坚持。通过观察和多次家访，笔者针对班级生态化成长制定了短期目标和长期目标。

短期目标：周末活动（结合学校主题活动）、节假日活动（结合节日特色）、寒暑假活动（聚焦主题形式）。

长期目标：建立常规，培养社会秩序感以及对事物的初步认知，初步建立学校、家庭和社会的关联，重塑自闭症学生的沟通桥梁。

2. 评价导向，诊断行为

相对于普校学生，自闭症学生良好习惯、优秀品质的形成，更需要长期的坚持。为了让家长每天都能看到孩子们的进步，看到教育的信心，笔者在班上全面推行"课评"，科任老师真实反馈每个学生的课堂情况，把学生的点滴通过每节课、每一天、每一周、每一月、每一学期进行展示。针对寄宿的自闭症学生，教师通过家校联系册的记录，让家长感受到学生们在校的表现和努力。通过家长填写自闭症学生的"家庭表现"，教师也进一步掌握学

生的在家状态，进而更好地制订学生个性化发展计划。

以下是学生行为诊断分析，通过表格的形式呈现，更加直观有效。

学生不良行为	学生正确行为	科任老师行为
上课时间以上厕所为兴趣点	我要上厕所 我下课上厕所	通过控制"次数"的形式帮助学生逐渐减少上厕所的行为。明确告诉学生这是上课时间，下课再上厕所，锻炼学生的延迟等待意识。
玩手指 摇晃桌椅	我上课坐端正	增加课堂趣味性，学生多动手。一节课内容分成多个阶段进行讲授，尊重学生的节奏。
喃喃自语 背广告词	我要读一读 我想说一说	从学生兴趣点入手，满足学生说和读的欲望，以此为奖励手段，带领学生进入其他学习。
情绪失控	我不开心	了解学生发脾气的动机，预防下次再发生，然后转移学生的情绪行为：听一段舒缓的音乐，做一项简单的运动，唱一首喜欢的歌曲。

3. 重塑环境，梯级成长

自闭症儿童主动交往意识薄弱，情感和社交障碍是他们最难突破的地方，一年级常规养成初见成效，二年级着重关注孩子们排队、问候、洗手、就餐等各种会有师生之间、同学之间互动的日常。如：团队老师们约定，在任何环境中主动和每个学生打招呼、问好、道别，用自身的行为方式让学生耳濡目染。再如：设计"树立榜样，情感互动"活动，把语言好的和表达有困难的学生安排成同桌，课间引导两个学生一起拍气球；运用结构化模式安排学生做值日生。慢慢地，班级出现了自由嬉戏和关心互助等现象。

家长们惊喜地向笔者反馈，孩子每周有新词汇与家人交流，让家人喜出望外，部分家长开始在班级群里分享学生的一些视频和照片，家长们逐渐加入到教育的队伍中来，询问和分享越来越多，慢慢地正面接受孩子并看到教育带来的改变。

【实操小贴士】对于初步引导家长科学对待以及全程参与共育的目标，要做到直接沟通，引导家长们清楚每个看似简单的家庭活动背后的目的，按照每个学生的个别化方案实施教育，并明确家长需要填写家庭观察记录反馈表；每周开始时明确主题，围绕主题教学收集家庭实践活动的视频及图片；

鼓励所有家庭成员一起参与，营造最佳、最真实的生活教育场景。

第二阶段（三、四年级）：慢推进群体交往

普校主要是班主任和班干部联手家长一起进行班级建设和管理，但在特殊学交需要的则是紧密联手科任老师。三、四年级主要通过教师分工分组的形式，以主题活动促进班级学生群体交往，使学生们在语言发展以及交流中实现突破。

1. 以教师专业成长为基础

首先根据专业方向和教育专长将参与人员分为四组，每组两人，再分派相应任务，开展主题活动。活动前一周商定好实践方案，发放家长问卷，聚焦家庭教育模式及问题微调方案；无论是在校还是在家期间时刻关注线上动态，及时指导并解答其他老师和家长们的疑问；根据实践动态调整内容；两周一次家长线上会议，就实践内容进行家校沟通，收集问题—线上开会—解决问题—更新实践方案；定时开展教师研讨会，根据存在的问题，提出解决方案。

2. 以学生个体发展为目标

围绕主题教学的顶层设计，各科任老师之间紧密合作。三年级下学期开始，班级有了微妙的变化，特殊群体更趋于"正常化"。刚入学时大喊大叫、随地打滚的现象已被静下来写字画画代替，课堂井然有序，课间活动丰富多彩。组织同龄的普校学生一起开展"小小美食家、就餐礼仪、表达意愿、寻求帮助"等主题活动，促进特校与普校之间的融合。

【实操小贴士】一个带自闭症班级的班主任应具备"四有"能力：一是要有教师团队的协调能力，二是要有主题设计的把控能力，三是要有敏锐高效的指导能力，四是要有家校互动的应变能力。班主任跟着班级孩子一起体验成长的过程，引导班级所有科任老师和助教老师一起朝着既定目标前行，仔细观察，填写观察记录表，遇到学生行为问题、情绪问题共同解决。

第三阶段（五、六年级）：巧引导家校合育

有了一至四年级夯实的基础，家校和谐共育的局面逐渐打开，家长们以

"教育者"的姿态参与到教学中来,从"看管者"和"陪护者"转变成"参与者"和"引导者",课堂教育和学校教育也从真正意义上辐射到各个家庭。

1. 家长学生,角色互换

在这一阶段中,指导家长结合生活设计形式多样的体验式活动,让学生在真实情境中互动、参与、体验,以提升参与热情,丰富自主性语言。例如:

(1)学生在家长的指导下实施活动——"今日我当家",询问家庭成员饮食喜好,制定"一日食谱",然后在家人的陪同下前往超市采购相应食材并做好"餐前准备"工作。

(2)家长和学生一起用图文并茂的形式完成活动总结记录,并结合"我是小小演讲家"将今日体验说给家人听。

2. 假期指导,学会生活

有效利用寒暑假,为每一个假期制定一个鲜明的主题,指导家长跟自己的孩子进行有效沟通,让家庭成为学校以外的教育主场。主要从以下四方面着手:

(1)以重新构建家庭沟通模式为基础;

(2)以社区活动为起点建立社区合作关系;

(3)以社会实践活动为桥梁拓宽生活范围;

(4)以初探学生个性化发展规划职业生涯。

【实操小贴士】教师根据各自专业领域解答家长困惑,提供可行性的建议,对学生的引导既要考虑当下的可行性,提供长远的延伸建议,又要推动家长带领学生与周遭发生关联,让家庭成为最好的生活实践教育场,使家庭教育形式从迷茫单一到多元化整合,从而避免家校沟通浮于表面,最终能够落地生根。

三 活动反思与延伸

2019年美国疾病控制与预防中心最新数据统计显示,目前14岁以下儿童罹患自闭症的比例是1/49。自闭症儿童的社会融合已经成为世界性潮流,跨学科的专业团队合作、家庭的高度参与、社区的融合成为实现这一目标的关键。

在这六年中,我们始终坚持将教育理论与教学实践有效结合,积极为家长提供一个共享平台,拉近彼此的距离,促进家校共育。通过一系列活动,创造了共同话题互相交流、互相学习,碰撞出不同教育理念下的智慧火花。学生和家长在老师们的指导下,从迷茫无助到目标明确,在一次次实践中得到了跨越式成长,并看到了愈加耀眼的闪光点。如:先后取得了各项集体荣誉和个人奖项;实现独自居家、购物目标;拓展出了丰富的自我兴趣爱好;等等。

随着特殊教育的发展,随班就读已成为特殊学生的主要教育安置方式之一。此外,研究数据显示,大约有20%的学生在学校生涯中可能会经历比较显著的学习困难而需要特殊教育。融合教育实践对传统的普校老师提出了新的挑战,在这场即将到来的"教育革命"中,普校教师在面对特殊学生时不仅需要教育情怀,更需要专业技能。可以参考以下四点建议:

(1)根据特殊学生的认知特点,重新构建他的认知体系,让他对事物的认识由局部到整体,由具体到抽象。然后结合最近发展区理论,找到特殊学生的发展优劣势区域并制定长短期目标。

(2)坚持"因材施教"的教育原则,深入到教学实践中,发掘"因材施教"在特殊教育中的重要性并在教学中践行。

(3)通过继续教育选修特殊教育专业课程作为第二专业等方式获取特殊教育知识与技能。

(4)对接市区特殊教育指导中心,针对轻度特殊儿童和青少年,经过评估后确实认为可以接受融合教育的,联手特教老师对其进行跟踪和评估并制订个别化教育计划。

(邓景秀)

主题三：自我评价，反思提高
—— 班级自我评价系列活动设计

一 活动策划背景

在班级管理中，评价学生是班主任的日常性工作。现行的学生评价，侧重于根据学生的学业成绩和言行表象来评价学生，评价主体是教师，学校和班级的各类评价活动大多统一规划、形式单一，对学生缺乏吸引力，往往达不到预期的效果。

（1）常规现状分析：我们发现，小学阶段低年级的学生比较在意老师的评价，一个大拇指或一封表扬信，他们就特别喜欢，十分开心。可是到了中高年级，学生对表扬和评选活动渐渐失去热情，消极对待，他们认为评价是老师的事，和自己没多大关系，就算有意见，对评价的结果也只能是被动接受。而如果让学生自己评价自己，他们要么夸大自己的优点，要么找不到自己的问题；多数学生不知道怎么评价，因为早已习惯了接受他人的评价，轮到自己评就不知所措，也缺乏自评的勇气。

（2）创新突破性目标：鉴于班级评价存在的这些问题，我们不妨换个角度去思考，从被评价者本身，也就是从学生这一主体出发去设计评价，可以让学生直接参与评价，自己评价自己，以此打破班级评价的瓶颈。

那么，自我评价就是我们要着力思考的点。自我评价是学生发展自我意识的一种形式，随着学生年龄的增长、年级的升高，学生的自我意识也在不断发展，逐渐能够对自我行为进行判断和调节。学生参与评价的过程，也是自我学习、自我教育和自我反思的过程。如何引导学生开展自我评价？笔以在班级开展的自我评价系列活动为例来进行阐述。

二 活动流程设计与实施

第一阶段：制定评价标准，培养自主意识

笔者一直以"自主学习"为本班语文教学的研究点，以培养学生的学习习惯为重点，努力提升本班学生的自主学习能力；同时，班级实行全面自主化常规管理，创建了自主管理的班级文化，为开展学生自我评价的实践做了充分的前期准备工作。（如下图所示）

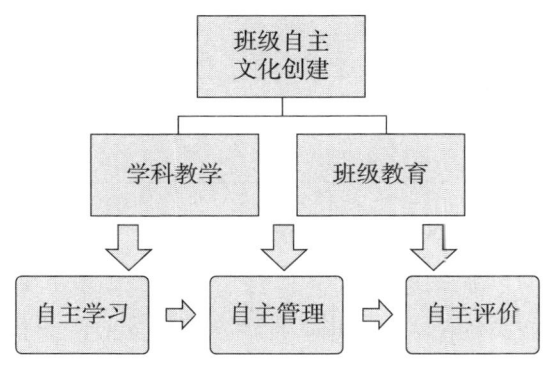

班级自主文化创建推进图

如何制定自我评价的标准？

以语文自主学习评价标准为例：教师可以根据教学大纲和本班学生的实际学习情况，梳理出班级学科自主学习的基本要求和评价标准。在此基础上，根据本班学生学习习惯的变化发展自行增设相应的评价标准，引导学生从学习效果、态度、方法、能力和创新等方面进行多元自主评价，重视学生的个体差异，因人而异地引导学生正确评价自己，努力促进学生在原有的基础上获得成长。

附语文自主学习评价标准设计参考表（小学中高年级），见下页。

评级内容	学习要求	评价标准	学习效果	学习态度	培养目标
课文预习	自读课文	一"读"通顺准确	☆		学习习惯 学习方法 学习能力 创新意识 ……
	标自然段	二"标"自然段	☆		
	圈读生字	三"圈"生字词读3遍	☆		
	自学生字	四"学"注音组词	☆		
	自主思考	五"思"词句意及体会	☆		
	查阅资料	六"查"作者及写作背景	☆		
家庭作业					
作业订正					
诵读背诵					
作文修改					
……					

【实操小贴士】学生对照标准，在完成学习任务后，根据自己学习的实际情况自评，奖励"自主星"。小学阶段均可采用让学生自己在课本或作业本上直接画星的方式完成自我评价。比如上表中自主预习有六个要求，六个要求都达到就是六颗星，其他评价内容的自评方法以此类推。学生可以通过积累相应的"自主星"，去参加班级"自主学习之星"的评选。

制定标准的时候，要注意了解学生的发展需求，激发学生的学习动机，促进学生积极学习。评价内容的设置，除了关注各科知识的掌握情况外，需要关注学生在学习过程中所表现出来的积极的学习态度、良好的学习习惯、扎实的学习能力、多元的学习方法、创新的实践能力、敏锐的分析解决问题能力以及正确的世界观与价值观，让学生真正学会做人、学会做事、学会合作、学会学习。

教师在对评级标准进行开放性设置时，应注意年段特点，可分年段和阶段来制定每个阶段的评价侧重点。评价标准的呈现形式要多元化，可以是上述表格的形式，也可以是个性化的结合学科特点或班级文化的其他形式，如班级公约、好习惯存折、班级自主管理歌、学习三字经等，力求实效性与趣味性相融合，贴近学生的心理特点。

第二阶段：创新评价方式，探索趣味方法

自我评价要求学生通过自己评价自己的方法而获得发展，激发兴趣是关键，创新评价方式是途径，促进自我发展是目的。如何实现让学生有效自评？在评价的具体实施中，自我观察记录是一种可以尝试的方法。如果教师是观察者，学生是被观察者，教师观察学生，学生会尽量把自己好的一面展示出来，这样容易使学生的行为带有一定的功利性。如何让学生主动展示出最真实的自我？如何让学生观察自己，主动全面客观地看到自己？笔者在本班试行了以下三种不同的自我评价方式，开展了趣味自评的尝试。

1. 荣誉本——成长收获，我记录

荣誉本类似于微型的个人成长记录袋，但是摒弃了成长记录袋周期长且不易操作的弊端，成为能帮助学生高效开展日常自评的工具。学生自由挑选喜欢的笔记本作为荣誉本，自主记录在校所获的荣誉——各科任老师或班干部的表扬（包括口头表扬）、奖励；自己决定记录的方式，可写可画可贴，自己每周或每月统计所获荣誉并上报。教师每周定期举行荣誉本交流展示评比活动，鼓励学生自己开发更有创意的记录方法。

学生的成长基于自身对自我关系的看见和认同，荣誉本让学生反复看见自己，强化了学生的自我认同感，让学生自信。有了这样的认知，教师的评价才能真正激发学生探索自我成长的动力，培育他们内在的积极力量。通过荣誉本，教师能够更全面地看见学生，对学生做出积极的评价；学生能够看见自我，认同自己，并有意识地积极主动发展。这样的自我评价才深入有效，有助于建立积极的良性循环的师生关系，让教育教学工作事半功倍。

2. 自评本——自我评价，我设计

荣誉本的尝试是为了激发学生对自我评价的兴趣，是自评初级阶段的评价方式。其局限性显而易见——学生的日常表现不只有"闪光点"。笔者在实践中的做法是把荣誉本升级为自评本。自评本，即自我评价本，是荣誉本的升级版，是对学生的日常学习生活进行更全面客观评价的平台。自评本的记录方式是每日一记，对照班级一日常规的标准来操作，评价原则是实事求

是，记录在校全方位的真实表现，包括优缺点和需要自我改进的地方，操作层面参考荣誉本的使用。

鼓励学生用富有趣味创意的方式记录生活，以轻松愉悦的氛围开启全面自我认知的大门，让学生持续主动去记录，收获每日所学所思所得，自然推动学生主动去观察自己、自动开展自我检查，促进一日三省，向着自己理想的方向努力，做更好的自己。

值得一提的是，笔者所在班级的学生，创造性地发明了"个性化记录符号"。学生选择的趣味符号，包括各类网络表情符号、生活简笔画、自己设计的个性化图案等。这种个性化的记录方式深受学生喜爱。还有的学生搞了个"赵老师语录"，在自评本中记录老师日常课堂上的精彩语句。这些现场生成的学生创新，极具推广和参考价值。

3. 改正单——缺点不足，我改正

改正单，即自我改正单，是自我评价的最后环节，是针对自我评价结果的一种反馈。笔者在班级采用六步法自主改正单，分别从自我归因、方法措施、时间规划、过程关注、星级评价、见证期待几个维度进行设计，达到教会学生自我反思、自我分析和自我评价的目的。

学生依照这个自我改正的方法对自己进行真实而客观的评价，这个评价不是为了和他人进行对比，而是重在向内关照自身，是一种自我激励、自我发展、自我促进的方式。评价目的在于通过自我反观，推动自我认知，从而促进学生自我成长。

附"我相信，我能行"六步法自主改正单：

"我相信，我能行"六步法自主改正单 ×××同学：我会努力做最好的自己！		
一	找一找： 错在哪？	
二	想一想： 如何改？ （方法和措施）	建议：主动寻求同学、老师和家长的帮忙……

续表

\multicolumn{3}{c}{"我相信，我能行"六步法自主改正单}
\multicolumn{3}{c}{×××同学：我会努力做最好的自己！}
三	算一算： 需要多长时间？	我计划　月　日到　月　日实施改正计划，预计一共　天。
四	记一记： 有效果吗？ （效果及过程）	★有进步的地方： ★还有待改进的地方：
五	评一评： 我进步了！ 我能得到几颗星？	我对自己的进步评价（满分是五颗星，请用红笔涂红）： 进步之星：☆☆☆☆☆
六	写一写： 请老师和家长写 寄语，评价我的 进步表现。	★老师寄语（签字）： ★家长寄语（签字）： ★我对自己说（签字）： 　　　　　　　　　　　　记录我的进步日期：
\multicolumn{3}{l}{金无足赤，人无完人。知错能改，善莫大焉！（孵梦树原创）}

【实操小贴士】改正单的设计，建议设置成阶梯进步式，着眼于学生的成长需求，关注自我改正的全过程，教会学生寻找适合自己的改进方法和策略。一生一单，单单不同，通过这种个性化改正的方式促进学生在原有的认知水平上不断进步。

改正单有别于检讨书，检讨书是让学生被动改错，而改正单则是引导学生主动改进，其核心目标词是"改进"，帮助学生学会深度自我反观，自己和自己比，自己战胜自己，努力做最好的自己。

第三阶段：创意评价活动，自主收获成长

在构建班级自我评价体系的过程中，师生自主交流多合作、积极评价同成长，班级创意评价系列微活动则是这一发展过程中自然创生出来的成果，

我们可以参考以下几个方面开展活动。

1. 班级评选类

学习之星评选，记录之星评选，创意之星评选，进步之星评选……

2. 交流展示类

自评好习惯——我晒我的学习成果；

荣誉的记录——我记我的成长轨迹；

创意的设计——我秀我的封面设计；

不足的改正——我讲我的真实进步；

……

3. 设计大赛类

创意个性化记录符号设计大赛；

自评本封面设计大赛；

特色组牌设计大赛；

自主奖章设计大赛；

……

班级创意评价微活动的开展，增加了自我评价的趣味性，孩子参与主动，兴趣浓厚，小组合作效率高。在自评本封面设计大赛中，笔者所在的班级，各小组成员在小组长的带领下，积极讨论，半节课就定了个性化的名字。而且他们的创新意识很强，七个小组取的名称各具特色，有辉煌成就本、成功日记本、语录加分本、极限突破本、成功记录本和回忆之本等。当每个组的组长在黑板上写下他们自己取的名字的时候，孩子们的脸上洋溢着的都是快乐、骄傲与自豪。自评本让自评变得有意思，让学生个性得到发展，让评价的色彩变得丰富。而个性化封面设计的成果展示评选，更是激发了学生自评的积极性，他们争先恐后地介绍自己的创意。创意微活动给学生创造了自我评价的机会，让学生获得成功的体验。

【实操小贴士】创意评价活动讲究一个"微"字，评价微活动追求时间短易操作，形式多创意优，依然以学生为主体开展。教师作为活动的指导者，只需要提出总体要求和建议，比如告知学生按"讨论—设计—展示"的基本流程开展即可。要放开手，让学生主动参与，自由发挥，踊跃展示，自主评分。

三 活动反思与延伸

回顾整个自我评价系列活动设计的过程,其规律性的基本流程是:定标准—自主评—自主改。学生正是在这种循环反复的自我评价中,不断认识自我,修正行为,获得发展。如下图所示:

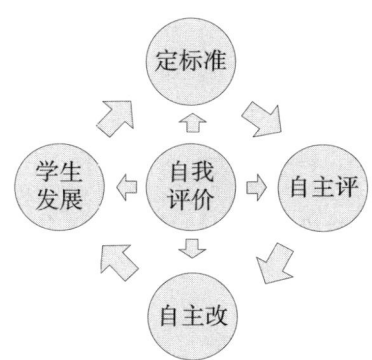

自我评价促进学生发展循环流程图

纵观班级自我评价的探索实践,笔者有以下三点思考与启示:

(1)自评——一面学生不可或缺的镜子。

如果把自我评价看作是一面镜子,其评价过程中的定标准就是找镜子,自主查便是照镜子,自主改必然是擦镜子了。古人说"以铜为镜,可以正衣冠;以史为镜,可以知兴替;以人为镜,可以明得失",那么我们也可以说:以己为镜,可以知对错;以己为镜,可以改不足;以己为镜,可以促发展;以己为镜,可以梦未来!自我评价,就是这样一面学生不可或缺的、人生不可或缺的特别的镜子!

(2)更新——自评可以持续发展的方式。

任何一种评价方式都是阶段性有效的,不可能走太远。只要时间长了,学场变了,效果也就慢慢减弱了,最后可能会让评价慢慢变得无力。所以,没有任何一种评价方式可以长效,评价需要时常新,时常换,时常变。评价是动态发展的，自评更是如此，如何让自我评价可持续性发展，是我们下一步需要深入研究的问题。

（3）深挖——自评更有价值的育人功能。

自我评价不仅是一种有效的评价方式，更是一种有价值的学习内容。我们不仅要教会学生"这样评价"，还要告知学生"为什么这样评"，更深层的学习是教会学生"如何去设计自我评价"，这是比自我评价本身更有意义的学习，也是作为教师的我们面临的挑战。

自评，重在自我认识。实践证明，促进学生成长的有效评价，往往是由学生自己创造的。在实践中我们要凸显学生的主体地位，尊重、调动和促成学生的高质量参与。注意在操作中多思多想，抓住教育契机，在班级营造欣赏型的师生评价交流氛围，让学生敢自评，会自评，爱自评，让自己成为学生的一面镜子，让学生真正地成为自己，从而实现自我评价更高层面的育人功能。

（赵　霞）

主题四：换位思考，学会交往
——巧用箱子活动引导换位思考

一 活动策划背景

学生在校园成长中离不开班级生活，因此教师需要时刻关注班级生活的细小变化，以便及时引导和教育学生。

教师有多重角色，学生有什么需求，教师就应予以回应。当学生找老师告状、学生之间出现矛盾时，教师如何化解呢？一般来说，教师会公正地让孩子们复盘事件、分析是非对错，最后让双方握手言和，引导学生形成和谐友好的同伴交往模式。

（1）常规现状分析：只要留心观察学生的心理变化，你会发现所谓的"告状"，其实折射出的是孩子们成长的内在需求。笔者发现二年级的学生在人际交往方面存在困难，他们缺乏表达的方法，尤其喜欢找老师"告状"，同伴之间容易闹矛盾。究其原因，是因为他们不懂得如何与人交往，不懂得如何向他人表达自我的想法。

（2）创新突破性目标：如何让师生关系和谐健康，又可以依彼此实际情况而相互扶持成长呢？为了引导孩子学会与人交往，笔者以箱子为载体，在班级开展了以"交往"为主题的系列活动。通过活动，让学生学会自我表达，学会欣赏身边的美，学会换位思考、体谅他人，学会与人和谐交往的方式。

二 活动流程设计与实施

第一阶段：走进内心，了解原因

一些学生喜欢为同学纠错，频繁找老师打小报告，上课亦如此，容易导致班级走向消极。要解决问题，就要先摸清根源——孩子们每天不分时段地打小报告是为什么？

笔者选择了用"倾听"代替"我认为"的常规处理方式，引导孩子们把心里话说出来，慢慢地走进学生内心。其实学生告状的内容多数是同伴的日常规范做得不够妥当等常规事项，更多的是借"告状"来表达自己的建议未被采纳而产生的不满、委屈、愤怒等情绪。

对此，笔者总结了几点原因：第一，学生分不清事情大小，所有事情都找老师汇报；第二，学生不知道如何与人表达自己的想法；第三，孩子们的眼睛都放在"错误"的事情上，发现美的眼睛暂时隐形了。

找到原因后，笔者做了一个"悄悄话"箱子，告诉孩子们："如果你有任何想说的话，都可以用小纸条的方式告诉老师。"并且以此为启程，设计了一系列针对学生人际交往的活动，引导学生学会用多种方法表达自我，与人和谐沟通。

【实操小贴士】要引导学生表达，首先就要让学生知道如何表达，教师可及时开展相关活动。笔者结合班级情况，开展了共读绘本《不要告状，除非是大事！》的活动，先让学生分清事情大小，然后创设不同情景，组织学生讨论不同的情景下应如何处理，引导学生在日常交往中学会用多种方法表达自我。

第二阶段：换位思考，分类处理

学生在箱子的帮助下逐步学会了表达自我，此时笔者策划了"礼尚往来"的系列活动，旨在引导学生擦亮发现美的眼睛，在与他人交往中获得情感需求。

1. 小信箱多功能

我们在班上设置"优点箱"，共读绘本后，笔者继续组织"三优换一纸

（指）""发现同桌的美""发现同学的美"等活动。"三优换一纸（指）"的活动是：在纸条上指出对方一个缺点的同时，必须先列举对方三个值得自己学习的优点。

活动推进的同时，教师要因势利导，放大学生的闪光点，创造"点赞箱"——原先的"悄悄话"箱子，在另一面写上"为你点赞"。有意引导学生的目光从"纠错"转向"发现美"，让学生带着发现美的眼睛学会欣赏他人、悦纳他人。

2. 开展点赞活动，引导学生欣赏美

依据班级小岗位轮换制，由班级广播站成员将箱子内的点赞条大声播报，点赞活动让孩子身上的闪光点被全班同学关注和学习，不仅增强学生的自信，还将发现美的眼光不断向外传递、辐射。

3. 学生本位，用"信箱"引导换位思考

因三年级学生开始有自己的独特想法，若同伴间没有沟通到位，必然产生矛盾，班级也就容易"分裂"。因此，箱子继续增加"我想对你说"功能，教会学生用书信交往。同时在班内设置相应送信与协调沟通小岗位："小邮差"负责送信，促使双方沟通具有针对性、保密性、有效性；"协调秘密委员组"则专门为同学化解沟通过程中的误会，他们与老师一起引导同学学会换位思考，互相体谅。

教师也以身作则，以书信的方式为学生做得好的地方点赞，提出有针对性的改进建议。

【实操小贴士】此阶段的纸条，可按生生交往、师生交往等主体分类处理。基于前一阶段中学生掌握了不少与同伴交流的技巧和表达方法，教师对事件心中有数后可以适当将生生交往的信件移交给"协调秘密委员组"协调化解，培养学生多维交流的能力，同时引导学生从同伴之间的交往延伸开去，学习如何与长辈沟通。

第三阶段：自律生长，多维发展

箱子的功能越来越多，不断促使学生自我优化生长。此时，笔者希望它的作用能得到最大化的发挥——借力箱子新功能，引导学生大胆走出自己的班级、年级，让学生走向全面发展，拓宽班级生活的维度。

1. 创造机会，引导学生学会付出

借助箱子，创造"实现愿望"的机会，引导学生为自己期待的结果而努力付出。此活动可与学科学习相融通，定期开展"制定阶段成长目标""明确落实方法和计划""评选达成计划的小明星"等活动。班内成员为"达成计划小明星"实现愿望，以此帮助学生获得在学习、生活上自我实现的满足与奋进的动力。更重要的是，学生从自我实现的单一角度转向考虑他人的多维度发展，学会付出自我，享受付出过程中获得的鼓励和满足。

2. 扩大书信范围，尝试多维度交往

为了帮助学生掌握与同龄人交往、跟长辈礼貌沟通、有效表达自我、与低年级同学包容交往的方法，笔者发起"用一封信承担大责任"手拉手活动，扩大书信对象的范围，引导学生围绕日常趣事、学习生活妙招等方面与一年级学生书信来往，借力高年级学生培养一年级学生的学习生活常规的同时，培养高年级学生的自律自主意识，引导学生主动承担责任。

3. 帮扶交往，锻造责任意识

基于书信来往积累了一定情谊，笔者抓住机会组织了一、五年级的校园常规帮扶、共度节气节日、更换红领巾等活动。活动的设计、推进、组织主要由高年级学生负责，以此培养高年级学生的包容心与责任心。在与低年级学生面对面交流与帮扶交往活动中，高年级学生对自己的日常行为也有了更高的要求，责任意识逐步增强。

【实操小贴士】孩子们在与不同年龄的群体交往时，都具有不同的表达特点以及不同的沟通之道。教师要根据学生的实际情况，提前介入指导，渗透语言的艺术特色，才能让学生在实践中更好地锻造自我，表达自我。建议依据学生的性格特点与成长点形成帮扶示范小组，发挥组内引领作用，共享经验，协同发展。这样，每个独特的生命体都可以在自己的生长点上抽枝、发芽、开花，共同成长。

三 活动反思与延伸

在以"交往"为主题的系列活动中,学生在与同龄人的沟通、与长辈的交流、与低年级同学的沟通、对初中生活的展望等不同维度中习得了不同的表达方法与交往方式,大大丰富了学生的身心成长。平时,笔者亦充分利用语文学科优势,以日记与写作为载体,通过评语激励学生学习与生活的热情。

习得智慧的交往之道,对学生的成长来说举足轻重。而这一系列活动不仅记录了孩子们的成长点滴,更重要的是让孩子们学会了如何表达自我、体谅他人、付出努力、实现自我、承担责任。今天,师生彼此欣赏、温柔以待,心里怀着自己、装着别人;明日,孩子将因有温度而被需要,因懂得表达而会生活,因努力付出而收获丰满。这便是无声的教育。

（麦丽萍）

主题五：自创班歌，凝心聚力
——班级文化建设的班歌创作活动

一 活动策划背景

在班级文化建设和管理中，班歌是一个班级精神文化的载体，是学生价值观和精神面貌的体现，同时支撑和促进班级发展。鼓励孩子们参与创作班歌、歌唱班歌，可以培养孩子们积极健康的审美观和创造美的能力，让孩子们自信地展示自己，表达自己的想法。孩子们进入三年级后，各方面能力有所提高，独立自主意识增强，开始有了自己的主张，希望在团队中发挥作用。此时孩子们已经有了自主策划的需求，也拥有一定的文化创作能力，因此，这个阶段可以让孩子们参与创作班歌，深化班级文化内涵。

（1）常规现状分析：班歌创作是班级文化建设的常规活动。传统的班歌是先由个别学生或老师选出或创作，再由全班传唱，最终形成代表班级精神的歌曲。班主任是班歌创作的统筹规划者，重视成果展示，并对成果进行评价。评价维度多为动作、演唱效果、队形等。创作班歌的根本性目标是增强班级凝聚力，深化中队文化。如何在传统班歌创作中寻找新的生长点？笔者通过下表来呈现班级班队活动的创新。

对比内容	传统型	创新性
创作形式	传统型创作班歌	合作型创作班歌
组织形式	相对单一的个别创作	合作型小组创作
过程管理	重视展示成果	重视策划、沟通合作、结果展示

续表

对比内容	传统型	创新性
介入指导	指导动作、演唱技巧、队形	关注小队合作，启发小队长领导力
评分方式	展示结果的一次性评价	过程性评价，注重对合作的评价
达成目标	更关注取得的奖项	更关注班级的凝聚力发展

（2）创新突破性目标：基于上述背景分析以及传统班歌创作和合作型创作班歌的对比，班主任们要从传统的单一关注演出效果中走出来，去寻找新的生长点，找到班歌创作更丰富的育人价值。参加新基础教育的研讨后，笔者对班歌创作有了新的思考：如何在过程中关注合作，增强班级凝聚力？笔者以在三年级开展的"班级齐力创班歌"为例来阐述。

二 活动流程设计与实施

第一阶段：前期准备

在笔者接手小水滴中队之后，发现上课合作交流环节显得略沉闷，课堂参与度不高，展示的环节少有创造性回答，学生活跃度不高。届时，学校正举行班班有歌声比赛，笔者认为这是增强班级凝聚力的一个节点，决定开展相关的主题班队活动，以比赛为推力，根据学生真实的成长需求，培养学生学会合作。

1. 制作问卷调查

通过日常的观察聊天，笔者知道了孩子们较少参加班级建设，班歌、班徽、班级口号的打造，都是由家长和老师主导的，因此对班歌并不熟悉，没有认同感。针对这个问题，笔者设计了一套问卷，去了解本中队真实的发展需要。问卷的问题包括：

你是否喜欢班级的班歌？

你认为班歌体现了小水滴中队的团结友爱吗？

你想参与班歌的创作吗？

你想创作的形式是自编新词，还是改编歌词？

2. 开展主题班会

问卷回收后，通过分析问卷的数据，发现孩子们虽然会唱班歌，但仅在去年参加班歌比赛的时候能唱完整的歌词，对这首班歌的意义是不理解的，认为这首歌不能很好地跟班级团结友爱的文化融合。大部分孩子都喜欢参与班歌的创作，并且想要改编歌词。根据以上调查结果，笔者开展了一次主题班会。

主题班会之后，笔者设计了策划会的具体流程，和学生一起制定出了班歌标准，并通过标准选出了适宜改编的歌曲，确定了改歌词标准。

班会内容	活动内容及形式	师生活动	作用
制定班歌标准	小队讨论选歌标准，队长整合资源	师：提出问题，引发思考 生：记录整合组员回答	培养小队合作与小队长的领导力
投票选出歌曲	学生根据标准投票选出歌曲	师：选歌，引导学生围绕标准讨论 生：队员讨论交流分享	群策群力，选出具有班级认同感的歌曲
商讨改词标准	队长收集队员意见，小队间进行互动交流	师：收集各小队意见卡，开展小队间互动 生：各抒己见，融会贯通	增强小队凝聚力，培养学生学会求同存异

商讨出来班歌标准后，学生再通过班级投票，选出了最适合的歌曲：《左手右手》。歌曲确定后，小队间展开了激烈的讨论，各抒己见，再由小队长整合汇报队员意见，八个小队对最佳歌词标准进行融合，得出了五个条件：内容体现团结友爱，积极向上；词句通顺，优美；符合中队文化；方便设计舞蹈动作；易于传唱。

【实操小贴士】开展班会时，要先了解班级学生的真实成长需要，不是盲目地选择主题内容。先通过制作问卷去了解每个同学对班级文化的熟悉程度，再来设计相应的班队活动，才能立足学生立场，明确班级的发展目标。活动过程中，紧紧围绕增强班级凝聚力的目标，关注教师与小队、小队与小队、小队内部成员间的合作，共同选班歌，制定歌词标准，保证活动具有方向性。

第二阶段：讨论创作

"老师是导演，学生是主演"。班歌创作不仅需要班主任用心引导，更需要学生主体性的有效发挥。只有每个学生都参与了班歌的创作，才能确定歌词确能表达班级学生的共同情感，这样的班歌就能获得广泛认同。因此，讨论创作阶段要让每一位学生参与其中，同时关注合作，发挥集体智慧。

1. 班级分组队，合作修改

班级 48 个同学，每六人为一个小队，两个小队为一小组，全班分成八小队，四小组。按平时的小队合作的方式，六个学生在班会课上讨论之后，分工分段改歌词，回家后向家长寻求帮助，很快八个小队便各自整合出一篇歌词，这些版本的歌词融入了每一个同学的创作。

小组中两个小队交换歌词研读，找出优缺点，由于各有利弊，学生很纠结，两个版本的歌词不知道选哪个好，争论不休。

2. 老师再指导，优化润色

在班主任老师的引导下，学生们制作邀请卡，先邀请语文老师来指导歌词修改，语文老师帮助学生明确词语的意义，润色部分词句，并教学生对仗、押韵等写歌词技巧。经过第一轮的修改，学生的用词更加贴切了。

围绕班会课统一制定的标准，歌词要方便设计舞蹈动作，易于传唱。学生们又邀请了音乐老师指导版本的选择，音乐老师先教唱每一个版本的歌词，队员们自行感受。接着，老师点拨，教授断句、音调，指导学生设计合适的动作。这一轮下来，学生心中便明晰了哪个版本更加朗朗上口，适合推广到全班。

在小队内部讨论交流中，小组内部取长补短中，成员间的沟通、交流与合作进一步加强了。学生在歌词版本的选择、融合中不断地沟通，不断优化润色词句，最终统整选出最适合的版本，参与班歌创作选拔交流会。

【实操小贴士】尽可能地让每个孩子都有事可干，都参与进来。在小队讨论交流中，进一步加强小队成员间的沟通、交流与合作的引导，当学生纠结时，提醒学生围绕共同制定的评价标准来选择。失去标准就等于失去了方向，在符合标准的前提下，引导学生重视取长补短，学会欣赏，对对方的版本做出合理评价。

第三阶段：总结展示

经历了几轮歌词修改，小组基本确定了要演绎的歌词版本，四个小组着手准备展示汇报，参与班歌选拔交流会。

1. 小组合作，准备展示

学生还没有进行过完整的小组汇报，写展示稿的环节，学生发出求助，所以笔者准备了一个展示汇报的模板，让学生分工填写，小组长整合。

2. 寻求外援，指导设计

此环节考验小组长的组织能力，组织组员邀请老师或家长指导小组的演唱，帮忙设计动作，过程中组员各自发挥所长，组织语言，写邀请卡，说服老师家长，通力合作。

3. 排练歌曲，练习动作

小组长放学后迅速地组织起所有组员进行排练，练习汇报的语音语调、队形、小组口号、歌词记背、演唱技巧、动作等，互帮互助。班主任启发小组长发挥小干部领导力，合理利用和分配组内资源，安排学得快的同学帮助较落后的同学，互相鼓励打气。

4. 召开班会，选拔交流

班级四个小组有了四个版本的歌词，班级主题活动就有了开展的必要。班会由老师组织，学生主导，推选主持人，商量好邀请参与投票的老师，确定参赛的奖项：金嗓子奖，舞蹈表现奖，团队组织奖，以及最佳歌词奖。展示完毕后各小组有两票，各位老师有一票，投给喜欢的小组以及说出选择的理由。

5. 生成智慧，集体传唱

此次班队活动不仅是选出了最佳的歌词，更使学生们在这一过程中学会了互相欣赏，取长补短，发现了各个小组的优点。确定最佳歌词后，由获金嗓子奖的小组指导唱歌技巧，由获舞蹈表现奖的小组重新设计动作，由获团体组织奖的小组排练队形口号，整个班级分工明确，各显神通，在年级比赛中取得了很好的成绩。

【实操小贴士】教师在班会中要紧紧围绕这节课的目标，通过选歌词，加强小队间的合作，增强班级凝聚力，不断鼓励孩子思考班歌给班级带来的积极影响，引导孩子们互相评价各小组的亮点，发现合作的乐趣，学会取长补短，欣赏对方。

三 活动反思与延伸

如果只有传唱，不与班级发展结合起来，班歌就不可能成为班级精神的有效载体，创作班歌就只是一种普通娱乐活动而已。因此，要强化班级精神，不仅要在常规上把唱班歌当作一种礼仪，而且要善于创造和把握时机，积聚传播班级精神的势能。

借由此次班歌比赛，通过创作班歌，增强班级凝聚力，与班级发展状态紧密结合，加强了小队间的合作。小队成员们在这一过程中收获了合作的快乐，学会了取长补短，体验了合作的力量。最终，生成了集体智慧下的班歌，体现了每个孩子的意愿，深化了班级文化。

回想这一次的活动，有以下几点值得发扬和继续挖掘。

（1）孩子自由表达的平台需要老师搭建，尽可能给每一个孩子提供机会，让每个孩子都成为班级活动的参与者、策划者，鼓励孩子消除心中的不安，自信表达。

（2）在活动中要肯定孩子多样化的语言，重心下移，引导孩子们敢于表达自己的想法，自由表达过后再帮助其修改完善，减少优生替代和教师替代现象。

（3）活动要有延续性，教师要结合班级发展状况，不断带领班级学生更新班歌，对班歌中蕴含的班级精神做出适时的解读和阐释，使其不断地得到丰富和完善，这样的班歌才是真实的、获得广泛认同的班歌。

（林梦雅）

主题六：家委参与，跨级联谊
——以班级阅读为主题的跨级联谊活动

一　活动策划背景

家委会是学校、家庭、老师和孩子都受益的一个组织，是家校合作重要的力量。家委是联系家庭和学校的重要桥梁，也是连接家长与家长、家长与教师的纽带，更是一个班级学习生活顺利有序的有力保障。家委会一般分为校级家委会和班级家委会，本文重点探讨班级家委会的作用发挥情况。

（1）常规现状分析：通常而言，在日常工作中，家委会成员主要负责协助完成班级事务性工作，属于"义工"角色。比如运动会、艺术节等大型活动中协助组织学生或购买一些班级用品等。有的班级也会召开家委会议，多是告知性事项安排，真正一起谋划班级发展，让家长出谋划策的不多。因此家校合作流于浅层，缺少智慧碰撞，难有高质量的家校合作。

（2）创新突破性目标：当前，随着社会的发展，家长综合素质越来越高，他们学识高、见识广、跨界资源丰富，同时，也愿意积极参与班级事务。班主任可以通过给家委会赋能，引导家委们深度参与班级事务规划，开创性承担班级事务，更好地发挥他们作为班主任教育伙伴的作用。

笔者以班级依托家委力量推动班级系列阅读特色活动、组建班级文学社，以及跨年级开展阅读联谊等活动为例，谈谈如何更好地发挥家委成员的影响力。

二 活动流程设计与实施

第一阶段：家委力量培育期

家委会的成立需要一个过程，在班级成立初期，我们需要通过班级活动的组织来发现家委会预备人选。通常可以采取以下措施：

1. 常规活动点燃热情

在刚接手班级阶段，笔者组织了"故事妈妈进课堂"的阅读常规活动，让家长自愿报名。起初遵照学校一月一次活动的安排，鼓励家长积极参与。一轮活动结束后，从中发现活动中参与热情高、组织能力强的家长作为种子家长预备人选，尝试开展内容和形式等方面更高层次的阅读活动。

2. 特色活动发现人才

针对常规活动中涌现的积极有智慧的家长组织专题会议，对自愿参加班级阅读引领的家长进行指导。召开家长见面会，进行亲子阅读指导。先了解家长家庭阅读的方法，解答家长们阅读中遇到的困惑，相应进行阅读方法的指导。组织成立班级阅读指导小组，让他们自行分工、自找图书、自主轮流安排班级小组阅读活动，为培育核心家委做准备。在家长们组织的阅读活动中有针对性地分项分人安排班级事务，从中发现家委种子力量。

3. 成立家委明确职责

基于一个学期的接触交流以及多项活动的参与情况，班主任对于那些能力强、有热情的家长基本心中有数，就私下邀请他们承担家委工作、履行家委职责。经过一段时间的试行后，笔者和胜任家委工作的家长协商，正式确定家委会名单。同时，对他们进行职责分工，并在家长会上正式公布。

【实操小贴士】家长成为家委会成员，需要一个发现、培养的过程。因此，建议班主任采取"循序渐进、活动带入"的方式，逐步发现人才和培养人才，为明确家委职责奠定基础。

第二阶段：家委力量施展期

成立家委会后如何让他们在活动中提高领导力呢？可采取以下几种方式。

1. 专题阅读增强凝聚力

阅读不能仅仅在课上，课后在家也要每天专题阅读。家委商议后，班级开展周一到周五晚8点半的微信伴读活动。每天一个家庭通过"喜马拉雅"软件录制一个亲子故事，准时发送到伴读群，家长带孩子打卡听故事，有问题在线上语音交流。把有能力的家长安排在前面，还要帮助有困难的家长完成群里的故事分享任务，让班级的阅读成为一种潮流。笔者在第二天也会利用10分钟的时间与孩子交流昨天的故事，让孩子在阅读中收获成长。这一活动得到班级家长的认可，也增强了班级学生及家长们之间的凝聚力。

2. 小组阅读发展领导力

随着孩子们的年级升高，家长故事课堂和微信伴读已经不适合孩子了。于是，成立班级阅读小组，首先对阅读小组长进行线上阅读引领培训。根据班级人数划分为9个小组，选举9个组长，每个小组4～5人，学生根据实际情况自己选组。小组长负责带领组员线上阅读，周末、节假日可采取线下阅读。各小组会将每次的阅读资源、活动照片、活动感言、公号文章等分享在群里，大家互相学习，互相促进，共同提高。

3. 社区阅读扩大影响力

随着小组线下阅读的开展，班级出现了优秀阅读引领的种子家长，他们的阅读越做越好。当他们在群里发布阅读通知时，同小区的或者离得近的孩子就会主动申请参与他们的阅读活动。因此，笔者就让班级阅读小组扩展为小区阅读小组：把班级阅读小组，改为4个社区大组，每组由2名家长担任组长。活动场地也经常由室内转为室外，如小区内的小广场、附近的公园等。

由于孩子们经常在社区活动，引起了笔者学校所在的文昌社区领导的关注，他们被家长们的热情、孩子的主动所感动，决定让笔者的班级加入社区义工组织，为他们记录义工活动时间，发放义工申请表。在义工服务时间达标的情况下，整个班级集体加入了深圳义工组织。社区经常组织孩子们开展义工、团建活动，并为他们提供了专门的阅读小书房，购买了配套的音响设备。班级社区阅读产生了一定的影响力。在班级阅读深入开展的过程中，家委之间的凝聚力大大增强，为今后他们的合作奠定了基础。

【实操小贴士】邀请家委组织班级特色活动，要依据家委个人特长和资源优势来安排，每项特色活动的开展及具体实施步骤，一定要经家委会讨论通过，班主任要讲清楚活动的目的和意义，争取团队的共同支持。

第三阶段：家委力量辐射期

随着家委们深入参加班级的活动，他们在班级中的作用越来越重要，影响力也越来越大，具体表现在以下几个方面：

1. 牵手平行班级，年级共读共享

由于每次活动笔者都会发表在班级的公众号上，引起了平行班家长及孩子们的关注，经常会有邻班的家长向笔者班级家长取经，有活动的时候还会申请带孩子参加。平行班的班主任也会咨询笔者班级的做法，共读一本书，资源共享。

2018 年，笔者有幸加入了王怀玉名班主任工作室，成为工作室一员，在团队"你好，寒假"阅读项目开展中得到怀玉老师的专业指导，阅读做得更加扎实。笔者与家委们共同商议制定假期阅读方案，设计了"你好，寒假"阅读指导手册。因为方案详细，手册制作精美，受到年级各班级的追捧。于是，笔者让家委阅读种子团队、平行班的种子家长团队进行经验分享，指导每一个具体步骤的实施，资源共享。

2. 跨级家长联谊，传授阅读经验

由于班级阅读经验越来越成熟，有些有二宝的种子家长自觉将班级经验传递到二宝班级，也点燃了二宝班级家庭阅读的热情。笔者发现班级很多核心家委都有二宝，其中，有几个正好上了一年级，于是有了跨年级阅读联谊的想法。在二宝班级班主任的支持下，在核心家委的共同努力下，进行两班跨级阅读联谊：笔者的种子家长把阅读的经验传授给二宝班级的核心家长，培养新的种子家长；笔者班级的孩子和二宝班级的孩子结队，使跨级阅读得到进一步延伸。

【实操小贴士】辐射期，要充分发挥家长内部蕴藏的巨大潜能。家长们热情投入和教师有效介入，是让想法变成计划，从计划变成落地行动的关键。深圳不缺有能力的家长，但是如何调动他们的积极性，发挥他们的创造力为班级服务是关键。

3. 跨级特色活动，阅读写作成册

笔者班级的跨级阅读特色活动做得有声有色，受到家长的好评。在此基础上又进行了跨级写作的经验传授，家委指导二宝班级家委成立了班级"快乐文学社"，使班级阅读和写作有机结合。文学社成员通过写书面申请，竞聘演讲，经投票选举产生了文学社社长 1 人，副社长 1 人，组员 5 人。在笔者核心家委带领下，在文昌社区活动室举行了隆重的第一期品鉴会，笔者家委讲解了作品鉴赏的方法。文学社的学生家长对班级每一篇投稿认真阅读、筛选，现场讲解入选理由，投票评出最终入选的作品并排版、润色、打印、装订成册，然后发给班级的孩子轮流阅读。入选的作品还会得到相应的稿费。

4. 跨级活动升级，成立义工社团

阅读写作跨级活动的成功举行，为后面的跨级义工社团的成立奠定了良好的基础。在二宝班主任的提议和家委们的努力下，我们举行了隆重的"手拉手"义工传承仪式：发放义工服，递交义工旗，进行"大手拉小手"一对一义工结队。

【实操小贴士】本案例中，家委会在跨级阅读中所发挥的主观能动性带有一定的特殊性，主要基于家长自发行为及对应班级班主任的主动邀约，不是所有班级都拥有这样的家长资源。因此，班主任在实际操作中，要注意把握好家委会的核心职责，把精力主要放在班级内部系列活动的开拓和促进本班孩子综合能力的提升上，不要为扩大影响而强人所难。

三 活动反思与延伸

以阅读为主题的跨级联谊活动，使得核心家委的力量得到最大化发挥，让笔者看到了家委内部所蕴含的巨大潜能。在核心家委的推动下，本班学生在系列活动中提升了交往能力。而当孩子们去指导低年级联谊班级的孩子阅读时，增强了他们的自信心，提升了他们阅读的兴趣，可谓双赢。

核心家委通过组织跨级阅读，将阅读经验传授给低年级家长，使他们提升了个人素质，达成了教育共识，增进了亲子关系，避免了家庭教育矛盾，体会到了阅读的好处，激发了参与阅读的热情。交往的过程中也增进了家长

与家长之间、孩子与孩子之间的友谊。

  同时，在跨级联谊阅读活动中，建立起了成长型及多元化的人际关系，系列活动的内容日益丰富，阅读的范围越来越广，从原先的班级小组到核心家委引领的社区小组，到跨级联谊小组，使学生们在班级日常生活中，有意识地变单人活动为多人合作活动，变固定的团队活动为项目引领式的动态性团队交往活动，实现了活动的多维升级。

  当然，这种创生性活动，对家长自身素质、精力以及教育热情都有很高要求。如何让这种跨级联谊操作模式得到更多家长的认同？如何促进更多有能力、有热情、有经验的家长参与到不同活动中发挥其创造性？如何让那些能力强的家委们承担起种子家长的职责，来引领和带动班级内部更多不同层次家长共同开展活动？这是值得进一步探索的话题。

（樊玉玲）

主题七：亲子共读，亲情流淌
——城市流动家庭的亲子共读设计与实施

一 活动策划背景

家校合作共育能形成教育合力，引领父母与学生共同成长，从而改善家庭教育生态。作为一名班主任兼语文教师，我在班级中以亲子共读为途径开展家校共育，搭建家校沟通的阅读桥梁，让家长和孩子在共读中培养和美的亲子关系，营造浓郁的书香家庭氛围，构建学习型家庭环境。

（1）常规现状分析：笔者所带班级的学生家庭大多是城市流动家庭，家长没有精力也没有能力去陪伴孩子阅读，甚至在其他教育陪伴方面投入的时间和精力也十分有限，而亲子共读、亲子共育对家长的阅读水平、时间投入有较高要求。如何基于班级实际困境，让家长尽量在工作之余抽时间陪伴孩子读书，一起共读，实现家校和谐共育呢？

（2）创新突破性目标：笔者利用寒假难得的亲子相聚时光，以亲子共读为支点，通过发掘班级家庭的榜样阅读、分享阅读经验，推动班级亲子阅读，促进亲子之间的沟通交流，提升流动家庭的教育，增进家庭成员的情感交流，实现家长和孩子共同成长。

二 活动流程设计与实施

第一阶段：阅读筹备，启动共读之旅

在亲子共读准备阶段，班级家长忙于工作，对班级亲子共读的意识薄弱。为了解决这一问题，班级以温情的阅读仪式开启共读之旅，让仪式感伴随亲子阅读，点燃全体家长的参与热情。

1. 温情调研，知需求

开展班级亲子阅读活动前，为了促进家长和学生的双向沟通，临近寒假时班级组织开展"亲子阅读心语心愿"温情调研活动，通过"发放心声—互换心声—归结心声"的共读温情调研，激发学生"说出共读愿望"，促进家长了解学生的成长心愿，从而引导家长和学生的亲子互动交流。在阅读活动中，首先请学生在亲子阅读心愿卡上填写共读心愿，如寒假亲子阅读活动中最期望的阅读方式是什么，在亲子阅读活动中最希望的收获是什么。儿童的共读心愿有别于成人的，他们在心愿卡上写满了对亲情陪伴的渴望。接着每位家长填写亲子阅读心愿卡，书写在有限的春节假期中，最希望以哪种方式陪伴孩子阅读，以往在与孩子的相处中最遗憾的是什么。最后，班级召开亲子阅读家长会，将学生的"心语心愿卡"发给家长，让百忙之中的家长能够了解学生的"心声"，以"传递心声"的方式让家长能够走进孩子的心灵，了解孩子内心深处的共读愿望，从而意识到亲子陪伴的重要性。

"亲子共读心语心愿卡"拉近了家长和孩子的心理距离，使他们的心紧紧地贴在一起，让家长和孩子开启了一段"从心开始"的阅读之旅。在亲子阅读家长会上，笔者通过向家长介绍吉姆·崔利斯《朗读手册》上的一段话——"你或许拥有无限的财富，一箱箱珠宝与一柜柜的黄金，但你永远不会比我富有，我有一位读书给我听的妈妈"，让家长意识到亲子共读对于孩子成长的精神意义，引导家长意识到亲子阅读能够促进家庭成员的共同成长，增进亲子之间的沟通互动，让家长意识到陪伴的重要性，从而为后面的共读做准备，点燃班级家长和学生共读的热情。

2. 开启共读，选方式

在充满温情的亲子阅读仪式后，班级家长和学生开启了亲子共读之旅。由于城市流动家庭家长白天忙于工作，平时和孩子沟通交流的时间较少，学生缺乏父母的关注，无法同亲人倾诉，往往内心非常孤独。

在班级共读活动中，为了增强亲子之间的互动交流，考虑到班级家长工作时间、工作强度等实际情况，借助学校阅读平台的打卡活动，笔者在班级开展了"1+X"亲子共读活动：父母和孩子约定每天亲子共读一小时，而阅读的形式根据城市流动家庭家长的工作性质进行多元化选择。父母在外地工作的城市流动家庭，家长和孩子以"1+ 云视频"的方式进行共读；父母白天忙于工作，晚上能够抽时间陪伴学生的家庭，以"1+ 晚间读"的方式进行亲子共读；父母白天忙于工作，晚上也无暇陪伴学生的家庭，以父母和孩子录音读书（"1+ 录音读"）的方式进行亲子共读……这些多样而灵活的阅读方式，让学生和家长的阅读实现了不在一起的"在一起"，学生在共读活动中也创意十足地开启了"1+ 电话读""1+ 晨读"等丰富多样的形式。

班级家庭的家长以线下陪伴读或空中共读的方式，和孩子们一起进行阅读交流，让孩子感受到父母对他们的关爱，每天有父母的视频和声音陪伴，学生的心灵得到了爱的滋润，在阅读和学业上更加积极向上，亲子关系也越来越密切。

共读形式	特色内容	共读方法
"1+X"亲子共读	"1+ 云视频"	忙于工作、无法陪伴孩子的家长以空中伴读的方式和孩子一起进行阅读交流。
	"1+ 录音读"	
	"1+ 电话读"	
	"1+ 晚间读"	有时间陪伴孩子的家长每天固定时间和孩子进行有仪式感的阅读。
	"1+ 晨读"	
	……	……

3. 亲子共读，挑好书

在选定亲子共读书目时，为了促进亲子之间的沟通交流，突出家长和学生的自主选择性，重在亲子选书的"互动协商性"。笔者依照"指定必读书目（共情）—自主选书（激趣）—创意活动（深入）"的思路逐层推进。在指定必读书目时，结合班级学生的阅读水平和阅读兴趣推荐了适合家庭亲子阅读的书目，如《为爱朗读》《爱的教育》《城南旧事》《亲爱的汉修先生》等，让学生和家长通过互动沟通，共同商定亲子共读书籍。在自主选书环节中，亲子共读家庭写下"共读书目"共同推荐语，促进亲子共读的持续性，增强亲子之间的沟通交流。在选书过程中，组织班级家庭开展"我看爸妈童年的书""我教爸妈来选书"等创意活动，拉近亲子之间的距离，激发学生的自主创新力，让亲情互动在选书交流中自然升华。选定书目后家长和孩子们还一起填写了"'亲子共读'选定书目小档案"，让家长和孩子在亲子共读活动中收获更多阅读话题，促进家长和孩子的正向沟通。

"亲子共读"选定书目小档案
图书名称：
作者：
家长推荐语：
学生推荐语：
图书共读形式：

【实操小贴士】在亲子共读筹备阶段和启动前期，对城市流动人口家庭的亲子阅读情况进行有针对性摸底，了解班级学生和家长的亲子互动情况以及家庭阅读氛围，精准把脉班级学生的阅读现状。在班级阅读启动阶段，增强班级亲子阅读的仪式感，以一场别开生面的温情阅读启动仪式，开启家校共育亲子共读的阅读之旅。通过"填写心愿卡—共同选方式—协商挑好书"的亲情互动，引导班级家长明晰在亲子阅读过程中所担任的主体责任，在参与孩子亲子阅读的互动过程中意识到对孩子陪伴的重要性，收获更多的亲子共读话题。

第二阶段：亲子共读，增进亲情互动

在前期家长和学生亲子自读的基础上，城市流动家庭利用寒假时期难得的相聚时光，以读为点，开展家庭读书茶话会，家庭成员互相交流心得感悟，总结读书经验，分享阅读的快乐，畅想未来读书计划，营造其乐融融的家庭氛围，让家庭成员在浓浓的春节氛围中以书为媒，体味浓浓的亲情。家庭读书茶话会具体实施过程为：

1. 打造阅读环境，策划茶话会

春节是父母和孩子难得相聚在一起的珍贵时光，在前期阅读的基础上，我们班级的学生开展了别开生面的"春节读书茶话会"，让这段时光变得精彩而有意义。为了增强本次读书茶话会的阅读仪式感，笔者鼓励班级学生担任"读书会小小策划师"，设计"我家读书茶话会"的邀请卡，拟定家庭读书会的主题和时间，并邀请家庭成员齐聚一堂，共话"读书茶话会"的快乐时光。班级学生利用奇思妙想设计出了各式各样的手绘宣传单，在节日的喜庆氛围中打造充满童趣的春节读书时光。

春节读书茶话会

时间_____

地点_____

春节读书茶话会分享书名_____

茶话会内容：

1. 开启爱的朗读之旅。爸爸和妈妈一起朗读亲子共读书中最精彩的片段。

2. 超级模仿秀。父母和孩子模仿书中印象最深的故事情节。

3. 我是读书小达人。主持人根据书中故事情节设计各种各样的题目，家庭成员进行读书有奖竞猜活动。

4. 春节读书淘淘乐。家庭成员开启轻松活泼的读书交流之旅，分享读书的有趣快乐经历。

---

2. 搭建阅读舞台，创新分享形式

家庭中选定一位领读家长作为春节读书会的主持人，出示本次家庭亲

子读书会的讨论主题和讨论要求，家庭成员根据讨论主题积极进行分享、交流，徜徉在书海中。为了激发班级家庭茶话会的开展热情，带动更多的家庭开展阅读活动，笔者组织学生家庭开展了云上春节读书茶话会直播活动，并号召学生和家长进行点赞投票，评选"读书茶话会明星家庭"。在直播活动中，伴随着喜气洋洋的春节音乐，一组组书香读书会闪亮登场。有的家庭直播了深情朗读的片段，有的家庭开展了趣味故事竞猜活动，有的家庭利用小道具进行了惟妙惟肖的故事表演，班级群的线上观众们送上了鲜花和掌声。在和谐的氛围中家庭读书会构筑了亲子交流的温馨环境，亲子共阅让亲子关系越来越紧密。

在亲子茶话会上，学生以孩子的角色定位，在亲子共读书中寻找与家人适切的相处模式，在情感上再次认识自己的父母，真正在阅读情境体验中升华亲情，触动内心情感，获得教育净化，实现亲子之间的亲情交流。如选择共读《亲爱的汉修先生》这本书的流动家庭，学生从这本书中感受到了母爱的伟大。而父母也在阅读中感受到了积极正向的育人理念，在家庭教育中能够寻求更科学的教育方法。

3. 记录共读瞬间，留住美好时光

城市流动家庭的家长和孩子一起录制精彩的家庭小视频，一起填写家庭读书会记录卡，将亲子茶话会的照片、亲子读书记录卡等资料整理好，并郑重拍一张家庭读书全家福，所有家庭成员在照片反面签名，写上一句读书会感想。富有仪式感的读书活动，打造书香家风，督促家长和孩子进行持久阅读，促进亲子关系良性循环。

春节读书茶话会记录表
读书茶话会时间：
读书茶话会人员：
读书茶话会形式：
读书茶话会阅读分享：

【实操小贴士】在组织家庭读书会活动中,以春节假期为契机,开展春节读书茶话会,盘点读书活动的收获,制订后续读书活动计划,促进家庭成员之间的沟通交流,增进家庭成员的情感对话,引导家庭阅读活动不断深入推进。通过富有仪式感和纪念意义的读书会活动,让家庭阅读有趣有乐,充满温情,成为家庭成员美好的精神财富。

第三阶段:阅读展示,定格亲子之乐

在亲子共读活动中,家长和孩子一起共同成长学习,增进沟通互动,分享读书之乐,亲子关系因阅读交流而更加和谐温馨,学生在阅读中也变得自信快乐,班级阅读氛围越来越浓厚。在共读活动总结展示环节中,笔者利用学期初的家长会,召开了一次"亲子共读,读懂彼此的爱"的主题班会,邀请家长参加亲子共读展示活动,让父母参与学生的阅读成长,助力孩子养成良好的阅读习惯和自信人格。

1. 阅读档案——重温共读点滴

在亲子共读主题班会中,首先邀请班级家委将家庭共读的视频和照片编辑成了书香电子档案,在班级共读班会开场时进行播放,当孩子们看到自己的阅读照片或视频时,都满是欣喜和自豪。这些共读视频里,有坚持陪伴孩子阅读的妈妈,有每天将阅读音频发给孩子的爸爸,有热衷于开展读书会的书香家庭,也有在微信群里持续阅读打卡的明星家庭。这些优秀家庭的阅读留痕,既让在座家长看到了亲情陪伴的重要作用,也让家长开始重新梳理回顾对孩子的阅读陪伴。虽然开学后家长因为工作繁忙陪伴孩子阅读的时间将会减少,却能创造不在一起的"在一起",通过线上的多样形式继续陪伴学生持续亲子阅读。亲子交流以阅读的方式得以延续,成为增进亲子共同话语的常态形式。

2. 阅读共演——创生多维互动

为了提升亲子阅读的深度,增强亲子之间的互动交流,不同的家庭阅读小组以"演一演"的形式进行了阅读汇报。共读《爱的教育》的家庭小组,亲子合作朗诵书中的温馨章节,共读《亲爱的汉修先生》《城南旧事》的家庭小组以情景剧的形式展现了精彩的故事情节,这些基于对文本深刻理解的

活动汇报，展现了浓浓的亲子之情，形成亲子间丰富的语言交流，让亲子共读成为家庭的一笔宝贵财富。

3. 阅读信笺——写出亲子之情

在活动的最后环节中，学生在亲子共读的信笺上写下对共读之旅的感言，写下对爸爸妈妈的爱。有的学生写道："爸爸经常不在身边，特别期待爸爸发来的阅读音频，听到爸爸的声音觉得很温暖，仿佛爸爸就在身边。"有的学生写道："亲子共读活动，让我仿佛回到了小时候，妈妈陪伴我读故事的时光。"当家长看到这些饱含着温情的话语时都备受感动，深深体会到亲子共读对学生成长的价值和意义，对家庭教育的重要推动作用。家长们感受到了亲子陪伴的重要性。

【实操小贴士】在亲子阅读成果展示活动中，应注重对活动过程的回顾、梳理和反思总结，增强家长在亲子阅读成果展示活动中的参与度，让家长意识到挤出时间陪伴和支持孩子进行亲子共读，能够促进孩子的健康成长，激发孩子的学习积极性和兴趣，这项活动能够成为凝聚亲子关系的精神助力。因此，展示活动中的亲子交流环节必不可少，家长和孩子一起同台参加亲子汇报交流，与孩子一起同体验共成长，既能够营造浓厚的家庭阅读氛围，也能够以学生的读书热情带动家长的读书热情。

三 活动反思与延伸

家庭亲子共读活动，旨在关注学生和家长之间的互动交流，让父母在阅读过程中进行陪伴教育。城市流动家庭的亲子共读，不但能够让孩子在父母的关注下更加自信，也能够激发学生的阅读兴趣，让父母更加了解孩子的成长过程，走进学生的心灵，促进亲子关系正向发展，营造良好的家校育人氛围。在家庭亲子共读活动中，涌现出了几组榜样阅读家庭，家长与孩子之间持续而亲密的阅读互动，为城市流动家庭起到了榜样示范作用，以"无声的语言"昭示了亲子阅读的重要意义，让其他家长深受感染和鼓舞，家长们的阅读参与意识越来越强，营造了良好的书香氛围。

家庭亲子共读不仅能潜移默化影响孩子的阅读水平、思维能力，也能增进亲子感情。从过去简单要求孩子读书，到现在放下手机温馨伴读，逐渐成为了露露家庭的亲子阅读常态。露露家长在家庭阅读感言中写道："在平时的生活中，和孩子的亲子互动少之又少，大多数时间都是忙于工作，奔波于生计，更别说亲子共读了。春节假期，让我有更多时间陪孩子一起读书。每次亲子共读都是乐在其中，回味无穷。我在陪伴孩子阅读中，体会到孩子成长中收获的快乐！"

班级亲子共读活动使传统的家校共育获得了延伸，增强了亲子之间的情感沟通。在汲取亲子共读活动的经验和方法的基础上，班级进一步开展了亲子劳动、亲子体育等活动，让家长积极参与到孩子的成长活动中，将学校活动延伸到家庭活动中，让家校合作从浅层信息互动到多维互动，促进家校和谐发展，促进孩子健康全面发展，引导孩子关爱他人、关心社会、热爱生活，为孩子的丰盈人生奠基。

（许馨月）

主题八：传承国粹，玩转京剧
——元旦京剧进班级主题活动

一 活动策划背景

京剧，积淀了中华民族五千年的文化底蕴，是中华优秀传统文化的重要组成部分，拥有独特的艺术魅力。想学习好京剧，首先要求学生必须对戏曲艺术有极大的热情和毅力。

俗话说"台上一分钟，台下十年功"，要在京剧上有所建树，不是一朝一夕就能实现的，而且京剧的表演者也没法像流行歌手那样短期内拥有大量的粉丝和经济收入。当前，京剧的影响不如流行音乐广泛，学生们知道贝多芬，却不知道戏曲界赫赫有名的四大徽班；更多地区的音乐课甚至成为了流行音乐的"唱歌课"。过去的京剧艺术教学大多只停留在关注戏曲音乐上，忽略了其综合性。因此，学生普遍对京剧不感兴趣也就可想而知了。

（1）常规现状分析：近年来国家高度重视戏曲传承发展，《关于戏曲进入校园的实施意见》等文件的出台，为京剧艺术进入学校课堂提供了政策指导意见。京剧艺术的传承，除了需要通过广播电视等大众传媒进行传播和普及之外，通过走进校园进行传播，也是一条不错的途径。

（2）创新突破性目标：在这一背景下，班级在元旦举办了"京剧真的很好玩"京剧进班级活动，通过"讲京剧、展京剧"等各种方式深挖京剧艺术在美育方面的重要作用，将京剧中的对白、戏歌、动作、脸谱、服装等经典元素与各个学科课程相融合，并将这些元素融合到教育活动中，培养学生的艺术修养，提高学生的个人素养，促进学生的整体发展。

二 活动流程设计与实施

第一阶段：前期准备

唤起学生对京剧的喜爱，是准备阶段的重要目标。笔者通过引导学生观看《吐槽大会》《跨界歌王》等融进了现代流行性元素的综艺节目，唤起学生探索京剧的兴趣后，再进行如下几方面的准备：

1. 了解京剧文化

笔者作为音乐老师，引导学生根据蕴含了流行性元素的京剧节目欣赏和评析，去发现自己喜欢的京剧元素，然后引导学生沿着自己喜欢的元素进行自主调查、采访，搜集、整理有关京剧文化的音响或文本资料，寻找一个切入点开始准备探究京剧的秘密。

笔者利用班会时间让学生交流基本思路，自由结伴，并确定项目负责人，自主优化项目主题、确定展示方式，然后再次查阅资料，做好展示的准备。

2. 寻找身边京剧人

京剧具有极强的专业性。笔者班级找到了老年大学京剧班的爷爷奶奶，在说明了学习困难和期待得到的帮助之后，爷爷奶奶们爽快地答应来协助班级开展京剧活动，有效解决了京剧专业指导难题。

【实操小贴士】学生对京剧的了解单一，戏曲方面的知识储备不足，在做活动前期准备工作时，缺乏提出问题和尝试解决的能力。京剧课堂的教学内容对科任老师来说是一个巨大的挑战，京剧的知识太深奥，讲深了学生听不懂，讲浅了又很无趣。教师需要站在学生的角度去寻找戏曲的魅力点，活动内容和方式可以更加开放、自由一些，让学生去寻找感觉，感受京剧元素的魅力。

第二阶段：活动实施

1. 营造班级京剧文化环境

班级开展京剧教育，并非单纯为了专业曲种的传承，更应该突出对优秀传统民族文化的精神传承。结合好玩的历史故事、民间传说，从人物、脸谱、兵器等七个方面，利用公众号、手抄报、班级黑板报等各种形式按时普及各项京剧元素知识。

2. 学科导师适度介入指导

语文课堂加入京剧念白。通过"枣核型"吐字练习，学生更好地掌握发音的要领。语文课堂上开展京剧对白教学，能够很好地锻炼学生的课文朗读水平。

美术课学绘京剧脸谱。让美术老师以"认识京剧脸谱"为主题，开展美术课堂教学，让学生进行了解、辨识、欣赏和绘制，渗透传统的京剧艺术文化，提高学生的认知和审美。

音乐课加入京剧唱腔。通过了解教材中京剧韵律的戏曲，引导学生了解和感受国粹文化。通过学生熟悉的《说唱脸谱》，寻找京剧与流行歌曲的区别。通过学习感悟所学戏曲的气息、节奏、唱腔等特点，引导学生了解戏曲的基本表演流程。

序 号	曲 目	形 式
1	《大宅门》	戏 歌
2	《梨花颂》	戏 歌
3	《说唱京剧》	现代京剧

体育课加入京剧元素。京剧表演中有独特的东方美感，将京剧韵律操融入到学生的体育活动中，比如弓步、半月、鼎功等一招一式京剧元素的加入，既给体育教学带来了新的突破，也拓展了学校体育活动的发展理念。

3. 活动实践展示教学效果

笔者班级确立了以"京剧真的很好玩"为主题的元旦班级活动周，针对本学期开展的各项京剧艺术活动，以"合作、体验、交流"为理念，以童趣童心为核心，进行教学效果的展示。

序 号	类 型	曲 目
1	剧目赏析	《四郎探母》

续表

序 号	类 型	曲 目
2	京戏教唱	《都有一颗红亮的心》
3	脸谱讲座	《我们都画大花脸》
4	专业团体进校园	《红灯记》
5	书籍分享	《京剧！太好玩了》
6	手抄报展板	《我心中的脸谱》

【实操小贴士】除了向身边的小伙伴宣传，还可以有更多的传播形式，用以扩大京剧传播的听众年龄范围，更可以记录下来完成班级为编者的通识知识科普资料《我眼中的京剧》的编写。

可以创作出学生喜欢的脸谱形象，将各种美术创作作为班级公众号的日常推送内容。笔者所在班级并不能完全展示出京剧独特的魅力，可以着重传播京剧的趣味性，促使学生传播给学生，融入现代艺术元素，实现京剧艺术学习的多样化。

第三阶段：总结展评

活动结束后，我们召开了"京剧真的很好玩"的总结汇报班会。叶澜教授说："在成事中成人。"多元评价能以更科学的方式评价每一个学生，肯定学生的智能优势，让每一个学生都能在成长中自信绽放，神采飞扬。

1.讨论式评价

将活动6个板块的评价权还给班级的学生，全班按照6人小组制组成了7个评委小组，在班会课上由各小组进行评价。现场师生之间、生生之间的相互交流尤为重要，在互动中要引导各小组发现同伴的闪光点，及时聚焦放大，提炼育人价值。

2.举行颁奖典礼

有仪式感，就是以一种期待的态度去对待学习生活中平淡的事情。根据评委小组的打分情况，最后确定了三个富有文化意蕴的奖项：班级戏剧文学奖、小曹禺戏剧文学奖和班级戏剧梅花奖。在颁奖会上还邀请指导老师和家长参与，进一步增强了仪式感，学生享受到更多成就感。

【实操小贴士】尽可能将评价与实践活动结合起来一起完成，评价重心是学生在真实生活场景中解决问题的能力；不采用让学生紧张的评价内容与形式；尊重学生之间的个体差异，确保每个学生都有展现学习成果的机会；把评价的目标定义为提升学生的成就感，把评价方式变成学生展现自我风采的舞台。

三 活动反思与延伸

在学习京剧的过程中，不要单纯地教授学生唱京剧，可以通过京剧的美育功能让每一个孩子都成为最好的自己。

如果优秀的京剧戏曲止步不前，就很难抓住学生的眼球，实现京剧戏曲的薪火相传。因此，在中国传统戏曲文化的发展中，必须加入适当的现代审美元素。京剧戏曲表演所运用的道具、服饰、化妆、音乐等各方面都有着很好的古代与现代的契合点。可以通过校园广播站，在学生课间休息时播放戏曲曲目或者相关的文化知识，或者成立京剧社团，带领社团成员创编戏曲广播操，带领更多的学生在实践中感悟传统京剧文化的美，提升自我修养，成为一个全面发展的人。

（钟经廷　汤舒婷）

主题九：祖孙互学，其乐融融
——祖孙互学共度重阳佳节

一 活动策划背景

隔代教育是现代社会中经常被聊起的一个教育话题，中国是世界上为数不多的普遍存在隔代教育的国家。随着社会老龄化趋势日益加剧，隔代教育现象愈来愈普遍。年轻的父母在生活、学习、工作压力下该如何承担家庭教育的责任，已成为一个社会问题。祖父母们自觉地成为全面照顾第三代的"现代父母"，对孙辈进行抚养和教育。

（1）常规现状分析：笔者所在班级，从家庭结构上看，祖辈作为"保姆"照顾生活起居的情况很普遍。这种照顾孙辈起居的定位，导致孩子对祖辈不够尊重、呼来唤去，甚至不懂祖辈的辛劳。祖孙相处模式单一，祖辈家长对孙辈处处迁就，容易造成孩子任性、依赖性强和生活自理能力低下。还有一些祖辈家长因为过度疼爱孩子而"护短"，致使孩子的弱点长期得不到矫正。

（2）创新突破性目标：作为班主任，笔者认为利用中国传统节日来调节祖孙关系是一个良好的契机，挖掘祖辈和孙辈自身资源中的有利因素，引导祖辈与孙辈之间建立融洽和谐的关系，促进祖孙共学，共同成长。笔者以曾在五年级开展的祖孙互学活动为例来进行阐述。

二 活动流程设计与实施

第一阶段：准备策划

1.问卷调查，了解情况

在开展班级祖孙互学这个活动之前，首先需要了解班级内不同家庭的结构情况，还需要了解祖孙辈之间互学的意愿，以便构想相应的活动，于是笔者先通过设计问卷进行摸底。问卷内容主要是：

1	家中是否有祖辈老人一起居住，他／她是你的什么？ A 爷爷奶奶　B 外公外婆　C 其他＿＿＿＿＿＿
2	家中祖辈老人擅长的是什么？
3	孙辈最想向家中祖辈老人学习什么？
4	祖辈与孙辈的共同兴趣爱好是什么？
5	家中祖辈老人想向孙辈学习什么？
6	家庭是否支持并参与班级组织的祖孙互学活动？

2.活动号召，获得支持

家校联动活动，需要有家长的大力支持，拓展更多的教育资源。得到相关数据后，知道班级有57%的家庭与老人一起居住，还有7个家庭周末可以与老人见面，大部分家庭愿意参与祖孙互学活动。互学内容主要包括：（1）孙辈向祖辈学习书法、诗词文化、象棋、手工（剪纸、裁衣服、织毛衣、木工）、器乐、快板、太极、厨艺等。（2）祖辈向孙辈学习制作小视频并发布、手机编辑图片、摄影、游戏、英语等。于是，在开学初的家长会上做家长的动员工作，把重阳节祖孙共读共学的活动初步设想及相关要求告知家长，获取家长的支持，形成家校合力，从而使家长能够为班级的祖孙互学活动提供资源。

3.家庭互补，商议方案

根据以往班级活动的程序与经验，班主任和核心家委共同商议、做好活动方案，策划活动流程。在讨论中，大家都支持做到全员参与，家委商讨并公布最终活动流程。其中祖孙两辈人的配合是个难点，所以需要家长进行全程跟踪协助并指导。

××班重阳节之祖孙互学方案

一、活动宗旨

九九归真，一元肇始，古人认为九九重阳是吉祥的日子。重阳节传承至今，又增添了感恩敬老的内涵。结合学校传统文化教学理念，本学期班级活动规划中有一项就是以重阳节为契机，通过家校共育，促进家庭中祖辈与孙辈互学，增进组孙情感，传承中国优秀的传统文化，从而使孩子多元发展。

二、活动时间

1. 活动号召及准备时间：9月1日至9月5日。
2. 祖孙互学时间：9月6日至10月23日。
3. 重阳节活动展示时间：10月25日。

三、互学模式

1. 单个家庭内互学。
2. 多个家庭组内互学。
3. 向社区其他老人学习。

备注：各小组活动时间及材料准备由各小组负责人自行商定。

四、展示形式

1. 每个家庭或者每组一篇图文并茂的学习记录，发布于班级公众号。
2. 家庭或者小组在10月15日之前向会长上报互学展示形式。

五、活动安排

活动主持：×××家长。

活动环境布置：×××家长。

照片拍摄：×××家长。

【实操小贴士】活动策划要有计划、有选择、有目标，要让祖孙之间的互学、互动得到指导，从而有序、有目的且不流于形式地开展活动。如互学内容。可以在班内让孩子们进行头脑风暴：向祖辈学什么？又可以教祖辈什么？班主任要提升学生的活动主体意识，激发他们的兴趣，提高他们的组织规划能力。

第二阶段：活动实施

1. 单个家庭互学

通过前期调查了解到笔者班级有 18 个家庭选择单个家庭互学模式，学习内容、学习时间地点以及展现形式自行商定，并做好相应计划，其中有 5 个家庭是通过网络视频的形式进行互学。如晨曦家庭，每周六上午 9 点，由爷爷教欧阳询楷书，时间为 90 分钟，最终展现形式是爷爷和晨曦书法作品各一幅。每周六上午 10 点半，晨曦再教爷爷学习英语，时间为 30 分钟，最终展现形式是爷爷进行英语朗读。

2. 家庭组间互学

对于没有家庭祖辈资源的家庭，可以不同家庭组合成一组，挖掘不同家庭共学互学的内在资源，开展组内不同家庭之间的祖孙互学，使学生体验隔代学习之乐，也能使老人丰富自己的晚年生活，在祖孙互学中享受不一样的"隔代亲"的天伦之乐。笔者班级一共有五个组，互学情况分别是：

组　别	祖辈教孙辈	孙辈教祖辈	家　庭	互学时间
1	剪纸	摄影	4 个家庭	组内商定
2	木工	乐高	5 个家庭	组内商定
3	书法	编辑图片发朋友圈	7 个家庭	组内商定
4	织毛衣	拍摄小视频并发布	4 个家庭	组内商定
5	京剧	英语	5 个家庭	组内商定

3. 社区内互学

除了挖掘家庭内或者小组内的祖辈资源，还可以邀请社区内的祖辈们传授自身所拥有的知识与特长。同时也可以了解社区中老人的学习需求，成立互助小组，使学生增进对老人的了解，感受到不一样的祖孙之情。

【实操小贴士】因有些家庭没有祖辈资源，鼓励有资源的核心家委带头，从单个家庭辐射多个家庭，形成互学小组。有些家庭虽然没有跟老人居住，但可以在周末见面的情况下进行互学。对于相隔较远的祖辈，可以通过网络视频的形式进行互学。通过线上、线下相结合的形式，以及向小区的老人学习，做到班级活动全员参与，使每个孩子都有祖孙互学成长的机会。在整个过程中，教师要发挥引导作用。

第三阶段：总结展示

1. 学习记录，故事讲述

在学习过程中，鼓励通过多种方式呈现学习效果，如在班级群里图片打卡、编辑学习记录发布于公众号、学习视频分享等。这也是一种学习经验及形式的分享，大家互相学习，互相激励。在互学中，孙辈除了向祖辈学习外，还可以深入了解祖辈的成长故事，在班级进行《我的××》的故事讲述，让大家对老一辈的成长时代及经历有更多的了解，从而学会感恩、学会敬老。

2. 节日契机，活动展示

根据班级祖孙互学方案，在重阳节当日，班级举行互学活动展示。展示形式多样化，有静态的书法、手工作品展示等，也有动态的表演、视频展示等。在展示中，大家感受到通过互学带来的成功体验。

3. 总结颁奖，鼓励再续

在展示后，进行班级总结评选并颁奖。由家庭活动到班级活动再回到家庭这样一个循环中，学生对祖孙互学有了浓厚的兴趣，增进了祖孙间的情感。总结不是终结，而是为了祖孙互学的活动能够更好地持续。

【实操小贴士】颁奖典礼是对学生和家庭最好的激励与肯定，但教师需要注意的是奖项安排设计的合理性和平衡性，既要考虑对突出、有优异表现的学生的嘉奖，又要体现对付出努力却没有取得佳绩的学生的鼓励。由家长评委、科任教师和班主任共同评定，除了优秀互学家庭和小组以外，也可以设置一些特别的奖项，如能工巧匠奖、最佳才艺奖、最佳表演奖、最佳祖孙搭档奖等。

三 活动反思与延伸

活动结束后,班级里依然热度不减,都希望这样的祖孙互学活动还能够继续或者更加优化。祖孙共学互学调动起了学生的主观能动性,增强了班级的凝聚力和学生的荣誉感,由教师领着学生去做,转变为学生主动去做,主动向祖辈学习。

本次活动,让祖孙在不知不觉中话题渐渐多了起来,不再像以前一样仅限于吃饭睡觉。孙辈还发现新大陆一般,挖掘了祖辈的艺术特长,那多年未碰过的二胡、手风琴、笔墨纸砚都有机会在孙辈面前得以显示它们的神奇了。家庭生活也因共学延伸出许多丰富的活动,给日常生活中的祖孙生活增添了不少色彩和乐趣。

在家里的祖孙活动,除了可以从兴趣入手,还有很多可行性活动可以进行开发。比如,结合国家倡导的不浪费粮食、光盘行动来组织祖孙共同谈"饥饿"问题;又如,祖辈切切实实体验过的"贫困"问题、环境变化问题、健康问题等,都是隔代互学的好题材,这里面蕴含着太多教育元素,值得进一步探讨。

祖孙共学让笔者对家校合作也有了新的思考。常规的家校合作,我们更多关注"父母与教师"之间的合作,从现在的家庭结构来看,三代同堂基本属于常态,祖辈也是一支重要的教育力量。孩子从小和祖辈相处的模式直接影响着他一生,而祖辈也需要关注当下教育新思想,从而更好地跟上时代的步伐,更好地和下一代相处……这些认识也有助于"终身教育、终身学习"意识的形成。且行且思,由此联想到很多学校的例行大活动可以转化为班级内部小活动,甚至是家庭活动。实践与思考,依然在路上……

(徐 静 蒋晓曦)

主题十：创意家长会，温暖家长心
——小组互助式家长会

一　活动策划背景

家长会是家校沟通的常规渠道。家长会的成功召开有利于促进家校之间的有效沟通，便于统一思想，提升家庭、学校的教育合力。教育是一项极其复杂而细致的系统工程，需要学校、社会和家庭紧密配合，通力协作，携手共育。家长会上班主任和家长可以"面对面"，形成直观、有效、亲切的交流。召开家长会是很多学校的常规要求，同时也是班主任工作的重要组成部分。

（1）常规现状分析：一般而言，学校层面会在每学期都安排一次家长会。班主任需要根据带班时间的长短，确定每次家长会的主题和形式，常开常新，各有侧重。不过，大部分的家长会都会出现一言堂的现象，老师负责讲，家长负责听，这样的沟通不是双向的。泛泛而谈、只有科任老师通报学生在校学习表现的家长会，不仅让家长感到腻烦，也让班主任自己感到茫然无趣。

（2）创新突破性目标：如何让这项年年都举行的常态活动，开得有实效，显现出新意？这值得深思。如今与家长沟通的渠道比较多元，平日里学生的学习现状与成长轨迹也能及时通过网络平台、电话等形式与家长及时沟通。那如何让家长会常开常新，避免老生常谈？笔者在家长会的形式上追求突破，开展小组互动式家长会，让家长成为家长会的主角。这源于笔者学习了现代学习理论"学习金字塔"后，知道了小组讨论的作用及学习效率。

小组互助式家长会的会议内容主要基于本班级家长提出的比较共性的亲子教育话题。我们想家长之所想，急家长之所急，尽量让家长感到班主任的用心和真诚。心理距离拉近了，深度交流才有可能。

二 活动流程设计与实施

第一阶段：筹备家长会，了解心声

为了家长会开得有效、有针对性，建立好沟通平台，还给家长主体地位，班主任需要精心策划与准备。笔者在小组互助式家长会进行之前会有前期调查，常规调查方式有问卷星、纸制问卷、访谈。调查内容可以是家长希望听到哪些方面的内容，在教育孩子过程中有哪些困惑，以及期待家长会采用怎样的组织形式等。笔者与班级一位从事心理咨询的家长交谈，提出了自己关于小组互动式家长会的初步设想，也就是每位家长身上出现的亲子教育难题，让家长自己思考、讨论、总结、收获。这位家长建议召开"Parent Help Parent"（家长帮助家长）互动式家长会，于是与其一起商讨了互动环节的流程：

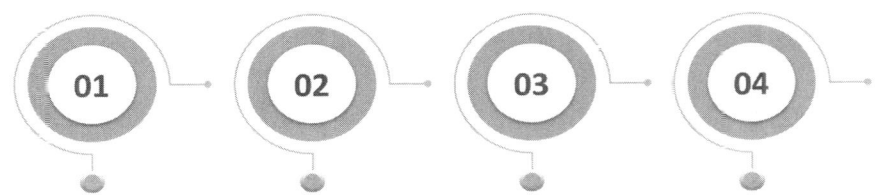

Parent Help Parent流程

| 01 | 02 | 03 | 04 |

家长分组坐好，老师公布家长提出的共性问题　　各组组长领取本组所需要讨论的话题　　各小组头脑风暴，列出可行性建议，提炼梳理　　各小组派一代表汇报讨论结果，互相补充

进一步明确了家长会的目的后，需要根据本班级特点及家长会的形式做好相应的准备。

1. 问卷调查，梳理问题

问卷中的问题：（1）作为家长，您最希望在家长会上听到什么内容？（2）在教育孩子的过程中，什么问题让您感到最困惑？通过问卷调查，笔者了解到了班级家长最想听的家长会内容，以及亲子教育方面比较共性的问题，比如作业拖拉、学习动力不足、注意力不集中、爱磨蹭、沉迷电子产品、不阅读、时间管理能力低下等。

2. 挖掘资源，借力家长

如果家长在家庭教育方面有很好的专业能力，或者有科学育儿的理念与经验，可以向家长借力，让他们参与策划家长会流程，或者主持互动环节。

3. 提前分组，温馨布置

家长会的形式与以往不同，座位也变成了小组围坐式，笔者在班级把课桌椅分成六个小组。请家委做好家长会会场准备工作，家委特意准备了水果、点心、饮料，以降低家长的紧张尴尬，提升家长会的轻松和谐气氛。

班主任一定要事前充分与家长和学生进行沟通，让孩子和家长深度参与，增强仪式感，让家长会多一些温情。

【实操小贴士】前面提到给家长分组，如何分组也是需要斟酌一番的，要考虑到的是每个组都需要有积极活跃的家长来带动小组气氛。分好名单后，笔者让孩子们也为家长会出一份力，给六个家长组取名。笔者在会前打印好各组名字牌，家长进到教室，就能很快找到自己的小组。为了保持家长会的神秘感，笔者没有事先告诉家长们家长会的流程。如果担心家长在互动中不够积极，也可以提前把要互动的话题告知家长，让家长做些准备，以免冷场。

第二阶段：召开家长会，对话互动

由教师一言堂到小组互动式讨论，由秧田式的正襟危坐到小组围坐，由常规通报到小专题式研讨……家长会大变身！这样的家长会，需要精心策划组织及充分预设。

1. 分组就座，推选组长

家长会伊始，笔者跟家长公布本次家长会的主要流程，重点介绍互动环节的流程。因为互动环节的时间不太可控，也不便打断，所以这个环节放在各科任老师交流之后。进入互动环节，先让各组家长推选一位组长，负责统筹安排、活跃气氛等。

2. 讨论话题，随机抽取

笔者提前梳理好六个比较共性的问题，分别打印在六张纸上，各组长随机抽取本组需要讨论的话题。此次家长会，需要讨论的话题全部来自前期的调查问卷，六个话题如下：

序　号	讨论话题
1	孩子做事情，尤其是写作业拖拖拉拉、磨蹭，不会管理自己的时间，怎么办？
2	应试教育和尊重孩子兴趣培养之间的矛盾，如何平衡？
3	孩子没有阅读的兴趣和习惯，老师发的书，孩子没有坚持读完，该怎么解决这个问题？
4	看到孩子身上的问题，总是忍不住大吼大叫，事后又很后悔，如何缓解这个问题？
5	现在孩子越来越不听话，很逆反，大人说的话，完全不听，如何跟孩子正确、有效地沟通？
6	孩子犯了错误，屡教不改，怎样教育才能让孩子印象深刻？

3. 头脑风暴，列出建议

在各组家长拿到话题后，告知家长有30分钟的时间开展头脑风暴，共同商讨本组讨论的内容，然后把可行性建议列出来。

问　题	我们商讨的可行性建议
孩子犯了错误，屡教不改，怎样教育才能让孩子印象深刻？	1. 分析孩子错误的原因。 2. 从孩子角度想为什么会犯此类错误。 3. 让孩子自己分析，提出解决方法。 4. 家长给出一定的建议，通过沟通，让孩子明白错误的原因、导致的后果。 5. 家长检讨自我是否存在错误的方式。 6. 对孩子多些宽容，在不影响原则和底线的情况下，给予孩子试错的机会。 7. 与孩子共同商讨并制定家庭奖惩机制，要奖罚分明，形成公约，签字保证。

4. 小组汇报，互相补充

小组讨论时间结束后，由每组代表汇报本组讨论出的可行性建议，并把本组列出的建议投屏到黑板上。汇报结束后同组或者其他组家长可以进行补充，也可以提出自己新的想法或建议。这样的形式，既有组内互动，也有组间分享与互动。

在这个互动环节，等于实行了一次智慧众筹。因为是家长自身提出的问题，且具有共性，家长们讨论起来能够产生共鸣，引起共振，所以气氛比较热烈。

【实操小贴士】笔者第一次尝试互动式家长会时，家长讨论的问题是现场生成的，但是出现了一个问题：每个组提出的问题大同小异，基本上都是孩子作业方面的问题。所以在新班级再次尝试互动式家长会时，提前搜集话题，然后抛出不同的话题来讨论，避免了重复。在家长讨论时，老师可以到组内巡视，给出相应的专业指导，提升汇报结果的质量。

第三阶段：家长会延伸，反省成长

家庭与学校是孩子成长中最重要的两个世界，家长与教师是孩子成长中最重要的关键人，只有达成"责任共担"，形成良好的双向互动、多维度合作的家校合作关系，才能给孩子们提供发展的资源、空间和路径。在总结拓展阶段，我们还可以做到：

1. 及时点评，科学认识

六个家长代表汇报完后，笔者根据每位家长的汇报结果，结合班级学生的具体情况进行了点评。笔者又针对家长提出的其他问题进行了解答，比如"不听话"是孩子争夺权利的一种方式，"磨蹭"也是一种表示反抗的方式。通过解答，让家长对于孩子身上出现的问题，能够有更科学的、更专业的认识。

2. 家长阅读，自我更新

没有一种方式适合每个孩子，没有一种方法对一个孩子持续有效。家长唯有自己持续学习，根据自己孩子出现的问题，寻求解决问题的方法，"因材施教"，这样的教育才是有效的。方法怎么来？只靠一次家长会，效果甚微，家长需要从更多的专业育儿的书中习得方法。家长的自我提高对亲子教育会有促进作用。笔者给家长推荐了国外的心理学家经过长期案例研究写出的书籍《孩子：挑战》《父母：挑战》，并在会上跟家长约定，在微信群开展阅读沙龙，由自愿参与的家长领读分享。

孩子是在成长的，父母亦是在成长的。我们必然会在对待孩子的过程中犯错，尤其在我们所处的时代，孩子的成长过程是离不开问题的。但不管问题是多是少，问题多么微不足道或者可怕，总是有改进的方法的。在微信群进行阅读交流，可以不受家长会时间、场地以及频率的局限，可灵活开展。用阅读提升家长的自我习得意识，促进家长的自我成长，最终形成家长学习共同体。

【实操小贴士】班主任在准备小组互动式家长会时，不仅是从形式上做好准备，针对家长提出的问题，也需要提前搜集相应的资料，分析家长们的亲子教育难题，以便在点评环节能够提供专业建议，从专业的角度为家长讲解这些问题形成的过程和背后的原因，如孩子是在寻求权利还是寻求关注。

三　活动反思与延伸

家长会是形成家校合力的一种途径，形式可以不拘一格。小组互动式家长会就是其中一种形式。笔者开展互动式家长会，是因为家长在家庭教育上需要被引领和训练。笔者在班级尝试新的家长会形式，让家长们提出共性的问题，头脑风暴，互相帮助，学习并实践专注于解决方案的思路和方法。这种形式的家长会，让家长唱主角，建立家长的主体地位，让家长听到自己最想听的家长会内容，同时也给每个家长参与思考、讨论的机会。家长与家长之间有太多的共鸣，促进了亲子教育经验的互相习得。

其实在"互联网+"时代，家长和班主任（教师）的交往无处不在，随时都可能发生。有些常规要求和日常问题，完全可以在平时及时沟通得以解决，共性的问题还可以通过网络班会、问卷星反馈等多种形式，达到交流、互动、协同的目的。当我们充分发挥网络的即时交流功能，解决了常规基本问题之后，作为班主任就更要思考每次家长会的内容和形式了。

班主任需要根据带班时间的长短，确定每次家长会的主题和形式，常开常新，各有侧重。如：首次家长会重点是科任教师的教学风格及学科要求展示和明确校纪班规及班级发展目标；中途接手班级，首次家长会的沟通重点应该是巧妙地对班级之前的情况做个较为全面的总结——肯定前任班主任带班取得的成绩，同时委婉提出现阶段需要做的工作，谈问题时要立足于学生成长和班级发展；连续任教的学期中期家长会，比较适合开成专题式的，根据学生成长阶段出现的明显问题或者班级现阶段比较突出的问题，进行聚焦式讨论，比如青春期、时间管理、亲子沟通、学生阅读、运动等小专题。不同班级阶段家长会主题有别，但有一条总是相通的，那就是作为班主任——历次家长会的主要策划和承担者，头脑中要对家长会有清晰的认识，对班级建设有明晰的规划，对教育问题有自己的立场，这是家长会能够高质成功召开的关键。

（徐　静　王怀玉）

第二章

学科专题活动"微变革"

主题一：阅读探究，职业启蒙
——职业主题阅读活动设计

一 活动策划背景

在很多发达国家，职业启蒙比较规范且有体系，我国近年也在逐渐加强职业启蒙教育。但从文献搜索来看，在小学阶段加强职业启蒙显得相对薄弱，方法也相对单一。教育部相关调查数据表明，只有11.4%的城市初三学生和7.1%的县级城镇初三学生比较了解自己的"职业兴趣和职业意向"；而高三学生高达七成以上对专业"并不了解"，以致造成80%以上的大学生对自己所读的专业不满意。

（1）常规现状分析：笔者在班级开设一堂班会课《我的职业梦想》，学生提到"公司总裁""明星""电竞选手""科学家"等。班级学生虽有朦胧的职业意识，但是职业认知水平低，尤其是职业认知领域较为狭窄。他们还没有形成正确的职业认识，对学习与职业之间的关系也是模糊的，对理想职业了解不深，比如不知道兴趣和理想之间有什么联系，不知道为了实现自己的职业理想要去做哪些努力。不少家庭教育意识越来越强，重视学习和综合素养，却忽略了职业启蒙教育，很多学生认为自己的学习目标只是考上一所好大学。还有就是学校缺乏职业启蒙课程，社会上的一些职业体验场所也多是娱乐性的，不能使学生较系统而深入地学习。

（2）创新突破性目标：很多职业性质的特殊性，小学生很难获得直接体验。那么，可以通过什么策略让中高段学生在"间接经验"中也能获得深刻的启迪？我在班级通过开展与职业相关的系列主题阅读与探究活动，让学生从课外书中，从与社会上不同的人群交往中，从不同职业的社会价值的信息理解中，开展职业探索，重新认识自我，提升职业认知，激发职业兴趣。

二 活动流程设计与实施

第一阶段：准备策划

李家成教授说："家校合作不仅仅是双方的奉献，更是生成与发展。"职业启蒙，需要向家长借力，拓展更多的教育资源。

1. 问卷调研，情况摸底

笔者在开学前，给家长的信中提到班级即将进行的有关"职业"主题的一系列活动的目的及意义，随后进行网络问卷调研，对家庭职业启蒙进行了摸底。问卷内容：（1）你对孩子的职业启蒙有了解吗？（2）你对孩子进行过职业启蒙吗？（3）你觉得现在有没有必要对孩子进行职业启蒙？（4）你希望老师在职业启蒙上开展哪些活动？（5）你会配合老师对孩子进行职业启蒙吗？

2. 家委协商，讨论方案

根据方案框架让班级家委商讨具体方案，如职业小讲堂、家长课堂、职业体验等。其中关于职业的小课题研究是个难点，学生第一次接触以书友队为单位进行小课题研究，需要一两位家长进行全程跟踪协助并指导。此时要鼓励核心家委积极领任务。

3. 确定书目，班级共读

班级人手一本《职业是什么》，用来开展全班共读活动。推荐家长自主购买《小学生职业启蒙课程教育读本》《儿童职业启蒙百科·长大后我要做什么》进行亲子共读。学生借助课外读物，能够系统地了解周围的职业世界，增加基本的职业认知。

在得到相关数据以及一些准备工作完成后，笔者在开学初的家长会上，做全班级家长的动员工作，把职业启蒙教育的活动方案及相关要求告知家长，获取家长支持，形成家校合力，从而使家长能够为班级的职业启蒙教育提供专业的资源。

【实操小贴士】因地域、年级、班级学生学情的不同等，职业启蒙的策划会有所不同。班主任需要根据自己班级的情况、家长的情况"量体裁衣"。家长需要做好协助工作，家长的介入也是一股重要的支持力量。

第二阶段：实施调整

1. 班会触发思考

笔者在班级先开展主题班会《认识生命，发现自己》，让学生进行分享：

自己的外貌、爱好、习惯和别人有什么不同？
从出生到现在，自己发生了哪些变化？
在不同年龄段，父母对自己有什么期望？
你认识到自己的独特性了吗？

用班会课开启班级职业启蒙活动，通过话题讨论，引导学生思考：我是谁？我今后要成为什么样的人？带领学生走进生命课堂，寻找真实的自己，对自己的未来进行思考。

2. 职业主题阅读

我们要抓住课内教材切入点。笔者发现语文教材中的不少篇目适合进行职业教育启蒙，帮助学生正确认识自己的性格特点、兴趣、长处，树立正确的人生观、世界观、价值观。笔者对统编教材的一些篇目进行了认真梳理，发现文章中涉及了一些职业名称，如：《千人糕》中的农民、包装工人、销售员；《太空生活趣事多》中的航天员；《花钟》中的植物学家；《刷子李》中的粉刷匠；《灯光》中的战地记者；《真理诞生于一百个问号之后》中的化学家、气象学家、睡眠研究专家；等等。形形色色的职业出现在这些篇目中，都可以作为职业启蒙素材切入点进行职业渗透。

虽说教材中有些课文可以作为职业启蒙的素材，但是不利于深入系统地挖掘。笔者利用语文学科的阅读教学的优势，进行课外拓展阅读，如全班共读《职业是什么》，且有读后交流，使每个学生都能在阅读中获得知识、提高能力、增强认知等。

在学生自主阅读《儿童职业启蒙百科·长大后我要做什么》后，让学生梳理心中最喜欢的十大职业，并按照喜爱程度排序，在班级公布十大喜爱的职业排行榜。

班主任工作和学科教学不是相互封闭和隔离的两个领域，它们是相互融合的。笔者是语文老师，利用语文学科阅读的优势来整合职业启蒙的主题活动，这不是简单的叠加，而是使学科教学与班级活动在融合中实现教育的全息渗透。

3. 职业知识讲堂

阅读是输入，那"职业小讲堂"就是输出了，每个孩子都要参与进来，做一回小讲师。

首先，要求学生确定自己准备介绍的职业，然后引导学生从"职业名字""职业性质特点""需要掌握的专业技能和素养""职业名人"四个方面搭建演讲内容框架。

利用班会的时间开启职业小课堂，学生认识了更多有趣稀奇的职业，如"精算师""色彩搭配师""大堡礁看护员""自然保护区工作人员""美食旅行家"，激发了职业好奇心……这些介绍，让全班同学明白社会不仅需要爱因斯坦式的科学家，也需要有工匠精神的技术工人。学生也了解了这些职业的性质和特点，以及要想获得这样的职业，需要掌握什么样的专业技能和素养。

4. 亲人职业调查

在活动中，给学生布置调查家族成员职业的任务（如下表所示），通过对身边亲人进行采访，了解亲人的职业，以及亲人在实现自己的职业理想时所付出的努力，从而慢慢体悟到梦想、能力与努力之间的关系，让学生从被动接受变成主动探寻。

姓 名	与你的关系	他/她的职业	职业幸福指数 ★★★★★	他/她为了实现自己的职业梦想做了哪些努力	说说你对这个职业的新认识
我的采访小结：					

5. 家长职业课堂

为了使学生对职业有更全面、更多维度的认识，邀请家长进入课堂，为学生上一堂生动有趣的职业介绍课，如人力资源师、银行经理、中医理疗师……家长们介绍各自的职业性质、职业规范和职业发展道路，并对学生们的疑惑进行解答，让孩子们地更加深入地了解自己的父母，感受职业精神的执著，更多地了解真实的社会工作生活，也更能理解体谅自己的父母，从而建立更亲密的亲子关系。

6. 开展课题研究

笔者利用班级已经成熟的书友队小组模式，开展有关职业的小课题研究。笔者班级一共有六支书友队，通过小组内成员的头脑风暴及构思，确定小课题研究的方向、实施过程和成果展示的方式。

组　别	题　目
书香山舍队	儿童梦想照进现实的概率
梦想队	即将消失的职业有哪些
三味书屋队	未来前景最好的职业有哪些
奇思·趣读队	学历与薪水的关系
遨游书海队	对保安这个职业的调查研究
星缘·悦读队	狗可以有哪些职业

各小组成员依据自己的小课题实施计划，进行相应的研究、搜集、整理、职业体验等。组内的任务需要分工合作，他们需要克服害羞与胆小，走到大街上向陌生人进行问卷调查。他们还要学会设计电子问卷，针对线上调查获得的数据进行分析、资料整理。最后要让各小组代表进行小课题汇报，从而使全班同学了解大家研究的方法与成果。

小课题研究是活动中难度系数最大的，在完成的过程当中，学生的合作、策划、搜集、思考、交往、探究等能力都能得到锻炼。一系列活动后，学生职业认知的大门慢慢开启了。

【实操小贴士】在活动开展过程中，布置要求需明确，老师也要起到指导作用。如笔者的班级，学生开始准备职业介绍之前，所选的职业有重复，或者较常见。笔者鼓励他们选择比较稀奇或者冷门的职业，激发他们的好奇心。小课题研究，班级初次试探，难度较大，从小课题表格的填写、方案的确定到汇报的形式，老师都要进行跟踪指导，这样才能使小课题研究达到应有的效果。

第三阶段：总结展示

班级活动要有连续性，可以从课内延伸到课外，从校内延伸到校外，也可以贯穿到寒暑假。

1. 职业体验活动

笔者在暑假前给学生布置了职业体验作业，在体验后要有图文记录，要有思考。鼓励家长带着孩子参加社会上的职业体验课程，或者可以走进社区、公司、商场、工厂等进行职业体验。学生通过职业体验得到职业启蒙教育，有直观感知，也有体验经历，能够得到更多的成长与收获。

2. 职业体验汇报

在开学初，每个学生可以选择不同的方式对自己的职业体验进行汇报，动态与静态的形式相结合，如小组的职业角色小剧场、体验活动演讲汇报、体验故事讲述、手抄报等，要体现出活动有计划、有过程、有发现、有思考。

3. 职业梦想规划

最后，让学生从"梦想中的大学""我梦想的职业""我的职业规划理由""我了解到的职业特点""职业所需技能""我需要做的努力"等方面进行职业规划，为为期一年的职业主题活动做一个小小的总结。也许这样的规划略显稚嫩，但是能让学生增强规划意识，并明白职业也是需要有计划的。

开展职业启蒙系列活动，有助于学生学会交流和沟通，与他人建立良好的人际关系，不断学习和成长。

【实操小贴士】在整个活动实施过程中，学生增长的不单单是对职业的认知，也发展了职业所具备的能力，比如探究、协作、收集整理资料等能力。在职业体验这一环节，需要提前做好引导，并邀请家长积极协助，帮助孩子寻找职业体验契机，完成体验任务。没有资源的家长，可以在其他家长的协助下,组建学生体验小组,给学生一个亲身体验的机会。

三 活动反思与延伸

学生进行职业启蒙,不是单纯地告诉学生有哪些职业,也不是培养学生的职业专业能力,而是让学生去体验和发现整个社会的构成,从而增加他们的阅历,去发现自己的职业兴趣,树立好的职业态度,激发清晰且积极的人生态度,为将来做准备。

笔者在班级进行职业启蒙教育,通过对职业的学习和探索,学生初步意识到学习与职业的关系,学会从自身和他人的角度认知自我、分析自我,了解了社会的职业分类和职业性质,提升了收集信息能力、小课题探究能力、人际交往能力和问题解决能力等。该活动也让学生建立了职业意识,激发了职业好奇心和兴趣,实现了职业理想的科学开启。在孩子们的职业规划书上,不再是空洞的"当大老板""住别墅",而是确定的职业名称"生物学家""程序开发员""舞台化妆师""精算师""企业顾问"等。学生们同时认识到,要实现这些梦想,需要从现在开始努力。只有持续且系统地进行职业启蒙,才能让学生达到自我认知意义上的进步。

在笔者的班级,职业启蒙目前只是与语文学科相融合,还是相对狭隘的。若能在学科间横向渗透,将适当的职业内容与多学科教学有机融合,通过职业启蒙主题,打破学科间的壁垒,深入挖掘其他学科与职业启蒙有关的素材,给学生提供模拟职业体验的机会,拓宽职业视野,那么将会给学生更完善的职业启蒙教育。

(徐 静)

主题二：行走深圳，感受美好
——综合性主题学习系列活动

一 活动策划背景

分科学习是学生在校学习的主要方式，同时各学科又有对应的学科延伸性活动。通常而言，各个学科都会根据学科教材需要及学生年龄特点开展对应的学科综合实践性活动，但是没能更好地发挥其应有价值。

（1）常规现状分析：当前分科学习导致学科间的活动割裂，学科与班级活动之间也没打通，致使班级活动的开展出现形式一致，主题却不尽相同的情况，浪费了学生的时间，消散了学生的参与热情。

（2）创新突破性目标：发挥班主任作为班级各科任老师中间联系人的特殊身份，尝试以班级特色发展需要为基础，根据深圳的地域文化特点，根据学生年段特点，进行学科与班级建设的融合、多学科之间的融合等尝试，开展系列主题活动，为全面提高学生的综合素养打开一扇门。

二 活动流程设计与实施

第一阶段：了解深圳地域特色植物

1. 我眼中的植物之美

一年级的学生刚入学，对一切都充满了好奇。他们对大自然中的一切都表现出无比的热爱：教室外三棵高大挺拔的"人面子"树、花坛里绿意盎然的勒杜鹃、绿化带里叶片宽大的滴水观音、操场上枝繁叶茂的大榕树,都成了他们讨论的话题。有时他们还捡起地上的落叶给小蜗牛做房子,去操场的时候会三五成群地大声朗读植物身上的"标识牌"。

了解深圳,从了解深圳的植物开始。校园里的植物都是深圳最常见的植物,体现着深圳的气候特征。为了让学生全面而立体地学习,我借助自己语文学科低年段观察与写作的契机,指导学生观察校园植物、做树叶贴画,激发学生的兴趣,同时与科学老师、美术老师合作,共同设计了一个"我眼中的植物之美"学科综合性主题单元学习活动。

各科老师结合本学科教材内容,以"植物观察与发现"为主题,开展学科联动教学,具体安排可以根据研究主题的不同来调整,以本次主题为例:

学科老师	教学目标和内容
语　文	认植物识字认词、有顺序地观察和片段写作……
科　学	了解植物种类、分类及习性特点……
美　术	观察绘画、制作植物挂牌、爱护植物宣传画……
……	……

一个月后,他们大多能准确说出校园里这些常见的植物名称和特点:知道了勒杜鹃是深圳市的市花;了解了滴水观音的枝叶有毒,不要触碰;明白了"人面子"这一名称源于植物的果实像人脸。渐渐地,学生们开始有意留心身边的植物,他们的目光不再局限在校园里,也投向了小区、公园。

2. 走进大沙河生态长廊

看到时机已经成熟,我开始筹备第一次校外班级活动——"行走深圳之走进大沙河生态长廊"。大沙河是深圳南山的母亲河,大沙河生态长廊是深圳市重点民生工程。长廊沿途树木葱茏,植物种类繁多,凸显了深圳森林城市的特点。在每一种植物旁都有文字清晰、介绍详细的"标识牌",正适合低年段的学生开展观察植物的活动。低年段班级活动的实施路径:

(1)活动准备。

①将全班42个学生分成7组,每组6个人,以小组为单位参与活动。

②准备若干硬卡纸，方便学生完成树叶贴画。

（2）活动实施。

活动一：小小观察家。

学生以小组为单位，在15分钟内，根据植物身上的"标识牌"，寻找到10种不同的植物，记住它们的名字，然后采集落叶。完成任务后，小组一起返回，将树叶按照形状和颜色进行分类展示。

活动二：小小贴画家。

每个小组的学生将采集到的落叶整理干净，在卡纸上制作创意动物贴画，比一比哪个小组的贴画更生动、更形象。

活动三：小小演说家。

请学生说一说：在今天的活动中，你见到了哪些新的植物？这些植物的特点是怎样的？你最喜欢今天见到的哪种植物？为什么？

【实操小贴士】低年段学生开展户外活动时，为保障学生的人身安全，可以邀请家长义工一起参与活动。引导学生在与植物做朋友的过程中，初步了解深圳的气候特点和植物类型。引导他们旅游时可留心观察身边的植物，收集外地植物的信息，拓展他们的视野。

第二阶段：参观深圳特色自然景观

1. "了解深圳"班级系列活动

三年级的学生在学校处于中间学段，已经掌握了学校生活的方方面面，随着更多地参与到学校的活动当中，他们优秀的一面逐渐展现出来，他们渴望在活动中得到老师和同学的认可。因此，三年级的学生相较于一、二年级的学生，更具自主性和实践性。自主性体现在他们积累了一定的知识储备后，希望通过活动去体现自身的价值。实践性体现在他们在校园生活中承担了更多的任务后能较好地发挥自我能动性，逐渐从服从者转变为策划者。

在中年段的班级活动中，学生主动参与设计了几次大型活动：麦芽农场参观活动，了解现代化高效节能农业技术；仙湖植物园游览活动，了解亚热带季风型气候下的植物特点以及园内培育的珍稀植物；红树林海滨生态公园观鸟活动，了解红树林这一海滨城市的特色自然景观。在上述活动中，观鸟活动将"了解深圳"这个班级活动主题体现得非常充分。

2. "行走深圳"之红树林海滨生态公园观鸟活动

红树林海滨生态公园地理位置十分独特，蔚蓝广阔的深圳湾、翩翩起舞的飞鸟和秀丽迷人的植物长廊与有着"绿色长城"之称的红树林一道构成一幅美丽的画卷，成为深圳的旅游观光胜地。随着近些年深圳市政府对红树林进行有利保护，人们对红树林给自然环境带来的影响也了解得越来越多。前往红树林进行观鸟活动，去了解动物和植物相互依存、和谐共处的自然画面，成为本次活动的目标。中年段班级活动的实施路径：

（1）活动准备。

①把42个学生分成7组，每组6个人，推选一名小组长。小组长要负责小组的纪律和成果展现。全程以小组为单位参与活动。

②通过查阅资料，了解红树林的特点和生长状态。

③带上纸笔，记录红树林海滨生态公园里的候鸟的样子。

（2）活动实施。

活动一：在家委的协助下，各小组沿着生态长廊，观察红树林的生长状态。

活动二：观察在红树林里栖息的候鸟，记录下它们的形态，数一数种类。

活动三：活动结束后，以小组为单位，制作手抄报，将此次参观活动中的主要见闻进行记录，对自己的感受进行描述。

【实操小贴士】进行动植物的观察活动，要求学生拥有一定的专业知识，可以请科学老师提前开展相关的知识学习系列活动。此活动可以与"红领巾五小"活动相结合，如开展系列"红领巾小主人"活动，鼓励学生为深圳红树林的宣传和保护，贡献自己小小的力量。

第三阶段：拓展延伸，了解深圳的历史发展变化

1. 班级活动与道德与法治课相结合

升入五年级以后，学生成为了大哥哥大姐姐，在校园活动中，他们是中坚力量。在活动过程中，他们提升了信心，锻炼了能力，同学间的默契程度越来越高。在集体意识增强的同时，他们的独立意识增长的速度越来越快。在与社会广泛接触的过程中，他们了解到了世界的广阔和生命的精彩，渴望

用"小大人"的姿态走进社会，得到人们的认可。此时的班级活动，要帮助学生打开通向世界的大门，用追根溯源的态度，去面对他们所看到的一切。

在五年级上册的《道德与法治》课本中，第三单元为"我们的国土 我们的家园"，编者通过《一方水土 一方生活》介绍了在不同的自然环境下，我国不同地域环境下人们的生活状态，并要求学生说一说自己家乡的衣食住行与自然环境有什么关系。根据学生的发展需要，可把班级活动与道德与法治课相结合，带领学生更进一步了解深圳——我们的家园。

2. 参观博物馆，拓展校外课堂

我们把目光投向了博物馆，把博物馆作为我们的校外课堂。深圳是祖国改革开放的最前沿，南山打响了深圳改革开放第一炮。在南山博物馆里，陈列着深圳改革开放的过往、现在和未来，是了解祖国改革开放的一扇明亮的窗口。和学生一起走进南山博物馆，去更好地了解我们的家园、我们的祖国，成为此次活动的主题。高年段班级活动的实施路径：

（1）活动准备。

①采访爸爸妈妈，了解他们眼中深圳的变化。

②观看《深圳改革开放40周年纪录片》，全面感受深圳的发展。

③各小组分主题进行观察和记录，整理班级的活动实录。

（2）活动实施。

活动一：在解说员的带领下，我们陆续参观了古代南山馆、近代南山馆、南山改革开放馆。解说员通过图片和文字，向我们介绍了南山贫穷的过去和辉煌的现在。

活动二：以小组为单位，进行专题整理，包括深圳交通的变化、深圳建筑的变化、深圳经济的变化、深圳文化的发展、南山的知名企业等。活动结束后，小组合作完成PPT。每组推选一名代表，把组员整理的博物馆图片和记录感受的文字，通过演讲的形式，在班级一一展示。

活动三：推荐优秀讲解员去竞聘博物馆"小小讲解员"一职。

【实操小贴士】参观博物馆时，可以请专业的讲解员带领学生参观，学生会了解得更加全面和细致。在活动中引导学生把探究的目光投向城市的每一个角落。在假日里，可组织学生寻访这个城市古老的过去，开展"假日红领巾小队"的主题活动,让学生主动了解这座他们生于斯、长于斯,并将为之付出努力去建设的城市。

三 活动反思与延伸

笔者在带领和陪伴学生的过程中,发现深圳这座城市的地域文化是一个巨大的宝藏。人文、地理和科学资源方面可开发的类型有很多:从人文角度出发,深圳博物馆、大鹏所城、南头古城都是了解深圳历史的极佳窗口;从地理的角度出发,大鹏地质博物馆、深圳湾公园、仙湖植物园是学生亲近自然、了解深圳地质特征的极好场所;从科技的角度出发,深圳科学馆、钢结构博物馆、少年宫是学生探索世界奥秘的原点。深圳这座城市,用她特有的深度和广度,推动着每一颗想要成长的心。

面对这丰富的资源,如何充分挖掘其育人价值,是笔者在班级活动的规划中思考的重点。首先,要对班级活动进行整体的规划。在学期初,在与家委讨论过后,将校内外的活动进行统筹规划,避免因活动过多,学生负担过大,降低了活动的效能。然后,对活动地点进行实地探究。在每一次确定活动主题和活动地点前,笔者都会深入到活动地点,进行实地探究,再进行活动内容的设计。最后,鼓励学生参与到活动的设计中来。学生是班级活动的主体,开展活动的初衷,是为了让学生得到锻炼和成长。充分听取学生的建议,了解学生真实的想法,并邀请他们参与到活动的设计中来,学生的主观能动性才能得到进一步的发挥。

在班级活动的开展过程中,学生的成长可见一斑,从低年段时他们依赖老师和家长来组织活动,到中年段时有了主动参与的意识,再到高年段时自主设计班级活动,学生的成长展现得淋漓尽致。"行走深圳"系列主题活动,让学生在行走的过程中,了解深圳这座城市,了解他们生活的这方热土。热爱家乡,从了解家乡开始。深圳未来的建设者们,必定会将这座城市建设得更加美丽和富饶。

(彭明康)

主题三：美食计成本，数学生活化
——培养数学生活素养之美食会活动

一 活动策划背景

记得在《舌尖上的中国》中有这样的一段解说词："行走一生的脚步，起点，终点，归根到底都是家所在的地方。无论聚散悲欢，总有一种味道，每天三次，在舌尖上提醒着我们，认清明天的去向，不忘昨日的来处。"家乡的味道，很多时候就来自家乡的特有美食。以数学学习为基础，以美食为主线，融入到我们的班级活动中，能取得数学学习与生活素养相融合的奇妙效果。

（1）常规现状分析：班级美食会，常常会出现在班级的活动中，但是，很多班级的美食会简简单单办成美食品尝会，活动意义略显单薄。身为一名数学老师兼班主任，我发现现在的数学教学，形式比较单一，脱离现实的活动。这样的教学，让很多学生越学越吃力，特别是到了三四年级，班级就开始出现两极分化的现象，后进生越来越不想学习，丧失数学学习兴趣。

（2）创新突破性目标：以美食为线索，从自己做美食，对比各地食品价格，到举办班级美食会，将数学知识点与社会实践活动融合在一起，使学生学到的知识能够与自己的生活密切相关，学生的数学学习不再局限于获得知识、考取优异的成绩，更为重要的是将所学知识在生活中灵活运用。全班学生在同一种活动中都能体会到数学的趣味性，提高学生的数学学习兴趣，增强学生与人交往合作、动手规划的能力。

二 活动流程设计与实施

第一阶段：策划筹备

学科学习占据了学生在班级生活中的大部分时间，且对学生的成长起着十分重要的作用。将学科教学作为班级工作的重要内容，与学生的班级生活进行有机结合，不仅能给班级活动、班级组织建设和班级文化更新提供新的资源、新的空间，而且能在激发学生的学习兴趣、培养学生的学习习惯和提升学生的学习能力等方面起到积极的促进作用。

1. 自主定内容

通过班会头脑风暴，让学生讨论以美食为主题，与我们的数学学科相结合，确定开展四个主题活动："今天我当家""美食价格大比拼""晒晒我的年夜饭""班级美食会"。

2. 协商定时间

根据活动要求，明确每个活动的方案流程：元旦开展"今天我当家"，寒假开展"美食价格大比拼""晒晒我的年夜饭"，第二学期开学初开展"班级美食会"作为活动总结。

3. 携手齐参与

为了活动的顺利开展，联合核心家委准备好现金红包、小组活动场所安排计划、小组活动实施方案、美食价钱登记表，还需要调动每个小组的家长配合活动的开展，派出一个家长指导孩子购物，提供场所给孩子们做饭等。

第二阶段：实施调整

以美食作为整个活动的主线，从元旦开始到第二学期开学初，开展下面三个活动：

1. "今天我当家"

为了给孩子更真实的体验，在元旦放假前，给每个学生准备一个新年红包 50 元。根据平时学习的小组进行分组，组长负责组织好组员，收集本组成员的红包，做好活动的安排和人员的分配，商讨购买和做美食的方案。

第（　）组"今天我当家"实施方案

时间：_____　　地点：_____　　总费用：_____

（1）人员分配。

任务	财务	主厨	切菜	洗菜	资料收集和报道
人员					

（2）菜品和预算。

萝卜牛腩	西红柿炒蛋	花菜炒肉	红烧鸡翅	水果	饮料

（3）购物清单。（一共消费了：_____）

物品						
单价						
重量						
总价						

（4）应注意的问题。

根据每个小组的不同，自己记录好活动开展时需要注意的事项。

利用元旦放假的时间，组长组织好本组成员，拿着购物方案，到超市或者市场进行购物。学生在采购的过程中，要做好购物清单的记录。购物后，组长组织本组的同学和家长一起到其中一个组员家中，进行美食制作，将美食与家人分享。

元旦过后，让大家来对比每个小组购买的食材、做出来的菜品，选出最能干的小组，每个小组选出一名生活小能手。利用上交的购物清单，找到购买相同食材的小组，分析哪个小组买得更便宜，利用单价、数量和总价之间的数学知识，让学生学会比较哪个更便宜的方法。除了比较价钱，我们也要考虑择优选择食材，做到购买的商品物美价廉，培养孩子的财经素养。

2. "美食价钱大比拼"

据调查，班级学生在春节期间大体会有三种选择：第一种选择是留深，第二种选择是返乡，第三种选择是出游。

基于以上情况，将学生分成三组，在春节前先让学生调查深圳普通超市能买到的10种零食和5种菜品的价格，春节期间再让学生调查所在地超市同商品的价格，并做好数据的记录。

根据收集到的数据，绘制成复式条形统计图，通过统计图可以直观地看出物价的差异，让学生分析价格变化的原因。通过这个调查活动，学生会发现：在春节期间，零食的价格基本没有太大变化，有时因超市进行促销反而价格更低了，但是菜品的价格却明显上升了。学生通过分析列出以下原因：春节期间大家对菜的需求量大，外加很多人放假导致工人工资上涨，所以菜比较贵，而且菜市场的涨幅比超市大。通过这样的活动，使学生了解到商品的价格是随着市场因素变化的，由此也可以培养学生的经济意识。

3. "晒晒我的年夜饭"

让学生跟随家人进行年夜饭食材的大采购，做好购物清单的记录。和家人一起动手制作年夜饭，学做一个家乡的特色菜，并对年夜饭进行拍照，晒到群里，从而可以欣赏各地新年的不同菜式。有条件的学生可以去了解饭店的年夜饭套餐的价格，对比自家年夜饭的费用和丰盛程度，分析年夜饭在家里吃和在饭店吃的优劣之处。

让学生参与整个采购过程，以此培养学生的数感。很多学生对大额开销没有感觉，不知道多少钱能买到多少东西，或者某个东西多少钱比较合理。通过这样的实践活动，可以培养学生在生活中的数感。

【实操小贴士】这里有三个活动，所以要注意实施的时间和地点，如果时间和地点不合适的话，可以做一些要求上的调整。在"今天我当家"的环节中，寻找合适的家委指导，确保孩子在购物的过程中和做饭的过程中的安全问题。在活动的进行中，要注意每个孩子的参与情况，及时调整评价方式，激励学生全程参与活动。

第三阶段：总结展示

1. 美食筹备与制作

经过前面的三个活动，开学初第一个月，开展班级美食会。我们将开展班级美食会作为活动的总结展示，并对前面三个活动进行全面的评价和颁奖。

首先给学生提供三种不同的美食准备方式并明确准备美食需要做的工作。

直接购买	在家制作	现场制作
购买当地的特色美食	在家把美食做好带来学校	在家准备好食材，在教室现场制作
调查美食出名的原因	记录好购买各种食材的价钱	在家加强练习，确保在教室制作成功
了解美食的制作过程	拍摄制作美食的视频或照片	可以请班上同学或者家长协助
当地美食及民俗	美食归属地：介绍美食历史	美食归属地：介绍美食历史

学生带来的美食以小组为单位进行摆放，每个小组准备一个讲解员，介绍本组的美食，每组介绍完后，进行美食品尝。

2. 活动总结与评比

根据几个不同的活动，分项目进行过程展示和最后的评比。

评比生活小能手：在开展"今天我当家"的活动之后，可以先进行小组展示，每个组的同学把买菜做菜的过程制作成PPT或者美篇进行展示。展示的过程包括描述自己在制作美食过程中的收获，在探究的过程中遇到的问题和解决办法。每个组统计本组制作美食的费用，探究可以怎么搭配比较省钱。在整个"当家"的过程中每组选出动手能力最强的同学评为"生活小能手"。

评比最美价格分析图：在第二个活动结束后，让每个学生对各地的物品的价格进行对比，得到一个价格分析统计图，形成一个价格分析小报告，指导大家如何购物比较划算。

评比最有特色年夜饭：每个学生准备一张年夜饭的图片，并且写上年夜饭的相关介绍，班主任组合图片做成美篇，最后大家在网络上进行投票，选出最有特色年夜饭。

评比最佳合作小组：在品尝完美食后，每个小组的组长进行小组活动总结，展示本组成员在参与整个活动中的精彩照片、视频等，其他小组成员和班主任从参与同学的人数、参与的积极性和效果等维度，评选出最佳合作小组。

【实操小贴士】以总结的方式展示，引导学生优化展示的内容，优选展示的方式，从而更好地展示活动的开展情况。淡化简单评出优劣，重在激励学生积极参与、相互学习，培养学生的创新能力，体现过程性评价，突出学生全程参与。

三 活动反思与延伸

在这次的活动中，学生以美食为整个活动的主线，围绕着美食开展了一系列的活动，从利用自己的零花钱做美食给家人品尝，关注各地美食的价钱、各地美食的不同，到最后的班级美食会。学生在这样的一系列真实活动中，将数学学习与生活联系起来，不仅提高了学习的兴趣，而且提高了学习数学的能力。比如落后生，在活动中动手能力很强，找到了成就感，感觉数学学习就在身边，学习是一件很好玩的事情。他们积极投入到活动中，在活动后学习热情高涨，上课时听课状态有了很大的转变，学习成绩有了明显的进步，从而使班级学习的氛围得到了提升。

将数学学习融入生活实践之中，让学生在实践中提高生活能力，值得我们摸索。在平时，学生动手操作是比较差的，因为没有生活经验，也没有动手机会，而通过参与这样的活动，学生学会了做菜、规划菜品的组合等，提高了动手能力，也提升了学习的兴趣。

生活是个大课堂，我们应巧妙地将数学学习融进生活之中，在日常生活中培养学生的数学眼光。本次活动是个缩影，让我看到了数学学习与班级建设融合的独特意义，值得进一步探索。

（李永红）

主题四：小队合作，秀出风采
——班级"美玉草木风采秀"活动

一　活动策划背景

根据二年级学生的年龄特点，以小队合作的方式来培养其成长的主动性。我们常以小队的形式来开展班队活动、年级活动。比如年级活动"美玉草木风采秀"就是以小队合作的形式开展的。小队成员在系列活动中增强了小队凝聚力和荣誉感。

（1）常规现状分析：为促进学生对大自然的了解，平常老师做得较多的是看图写话等文学类活动，缺少对学生好奇心的深度唤醒，而小队合作探索实践活动正好是学习生活的拓展，有利于激发学生的好奇心。二年级学生在合作方面常常遇到困难而不知如何解决，缺乏方法的指引，这种小队合作的方式正好培养了他们解决问题的能力。

（2）创新突破性目标："美玉草木风采秀"活动主要分为前期策划、实践活动、展示交流等环节，既让孩子亲近大自然，培养他们的动手制作能力、解决问题能力、相互欣赏能力，又让他们懂得小队合作的重要性。

二　活动流程设计与实施

第一阶段：准备策划

五月的玉律学校，晴日暖风生朝气，绿荫幽草盛花时，夏天的脚步悄悄来临。与夏天一样充满活力的二年级小队，在这一学期，通过"美玉草木风采秀"活动，感受春天发芽的力量，感受从春到夏生长的奇妙，并在此过程中充分展现小队建设成长的故事。所有活动以班级小队策划为主。

首先，在主题班会课上班主任与全班学生一起商定了各小队活动的地点、时间、形式、路线，以及现场采访、上网查资料等事项的具体要求。接着，在各小队队长的组织下，各队员们根据自己的实际能力领取自己的任务。以小禾苗小队的"草木风采秀"活动为例：

小禾苗队员	李欣雨、张晓华、周子轩、周子怡、董丽杏、吴淳琪
活动时间	2019年3月13日下午3:25
活动地点	玉律学校静园
活动主题	草木风采秀——草木探究我能行
小队分工	1. 活动具体的路线设计：张晓华。 2. 活动记录员：董丽杏。 3. 活动过程的拍照员：周子轩。 4. 活动过程的联系员：李欣雨。 5. 网上查资料负责人：周子怡。 6. 向花工伯伯请教员：吴淳琪。
探究成品	每位队员将探究的内容以草木图的形式进行记载，最终形成班级《草木集》。

其他几个小组也都进行了分工讨论，制订出了相应的活动计划。为了将学生的策划落到实处，班主任根据探究活动的需要以及学生的年龄特点、能力水平等，主动与活动相关的学科老师商量活动开展时各科的教学内容侧重点。

【实操小贴士】本案例产生的背景是我校重视四季主题教育，学校层面有统一规划。如果只是班主任主导的班级层面的特色活动，就需要注意两点：第一，自然教育值得做。如何做？班主任最好根据自己所带学科的特点及学生成长需求，结合季节、时令找到一个突破口。第二，班主任要修炼与学科老师的协作意识。主动与学科老师商议，或配合学科老师的教学进度相机开展活动，或是学科老师根据班级活动的主题内容做一些教学进度和内容的调整。

第二阶段：实施调整

1. 整合学科教学，促进学生成长

在整个草木探究活动过程中，我们将多个学科融合了起来，融趣味性、生活性、知识性于一体，立足学科学习，促进学生成长。

（1）小小探究员。在科学课上，科学老师侧重于传授植物知识，将校园各类草木的名称、草木的生长特性或作用等专业的知识传授给学生。在科学老师的引导下，小队各成员根据小队分工合作探究，美丽的玉律学校穿梭着各个小队的身影，他们专注地与草木对话，当遇到不明白的，及时请教科学老师、花工伯伯，或带着问题网上查询。

（2）大自然小画家。美术老师侧重于绘画专业知识的传授，学生在美术老师的指导下将了解到的草木文化描绘成图，并在图旁标注植物的生长习性等信息，勾勒出一幅幅生动的草木图。

（3）创编小诗人。语文课上，语文老师侧重于有趣的语言表达方法的传授，各小队根据了解到的各类草木的信息创编成一首首可爱俏皮的诗歌，朗朗上口、生动有趣，深受年级同学的喜欢。

2. 创意快乐分享，草木孩子共成长

经过初步的草木探究活动，校园里的草木在长身体，孩子们在长创意。在活动过程中，小队成员的个性开始凸显，密切合作是小队活动的一大亮点。

此时的学生学会了上网查找资料、筛选资料，这是他们在此次活动中学到的最大本领。他们给植物取了一个个好听的名字："百变黄花风铃木""爱旅行的蒲公英""小仙女的樱花林""早起的向日葵""铁扇公主的芭蕉扇"……小队员们还自发性地给自己喜欢的植物制作了一个个可爱的书签，书签上有美玉草木的简介。

3. 发动全年级，制作草木图鉴

通过小队合作一起探究了玉律学校校园的植物后，孩子们发现不知道其他小队探究的植物在学校的哪个位置。于是，在老师的引导下，各小队认真制作玉律学校草木地图，只要拿到此地图就可以准确找到各草木的位置。小队讨论后决定制作植物小徽章，贴到草木地图上，并给各种草木起一个别出心裁的好名字。笔者负责发动全年级，将我们的地图丰富起来，各班各小队制作一册《美玉草木图鉴》。

【实操小贴士】根据活动需要，班主任要与涉及的学科老师商量协助的具体内容，明确各自的教学侧重点是什么，要达成什么样的效果。学生制作分享材料时，老师要关注整个过程，适时点拨，对于学生的想法要有所提炼并帮其实现，所以要与学校各部门做好沟通，取得支持。

第三阶段：总结展示

学生经历了"美玉草木风采秀"的前期策划、探索实践后，我们进行了总结展示：

1. 小小设计师

为表达对小队合作成长的肯定，增强认同感、归属感、集体荣誉感，加强小队的组织建设，我们决定隆重地为每个小队成员授小队臂章。二年级全体小队成员踊跃参与到小队臂章的设计中，样式多种多样。通过同学们层层投票选拔，我们选出了十个最受欢迎的小队臂章，二年级的师生又从中选出大家最喜欢、最有代表性的一个作为年级小队臂章。

2. 缤纷草木秀

6月6日，玉律学校二年级"美玉草木风采秀"活动在绿茵茵的足球场顺利举行。各班的优秀小队代表在此盛会上分享在活动中小队的成长。如二（2）班展现的是一只只小孔雀手持纸扇，他们迈着轻盈的舞步向我们展示纸扇上面的草木朋友——凤尾竹、千日红、千年木、非洲凌霄、芒萁、菊芋，并用优美的舞蹈向大家展示"月光下的凤尾竹"。二（4）班的小队伴随着节奏欢快的快板声唱起了班级小队创编的草木儿歌，每一首儿歌都展现了小队合作探究的故事，有创意，还很有趣！二（1）班的小队将了解到的草木文化创编成一个个谜语，小队成员们自信大方地与全年级成员互动交流猜谜，猜中的成员可以得到二（1）班同学亲手制作的美玉草木书签，书签制作精美，不仅有画，还有关于草木的知识介绍……

3. 授予臂章

年级的"美玉草木风采秀"精彩纷呈，每个小队都用不同的方式秀出了成长，秀出了风采。去年的今天他们戴上了红领巾，成为了一名合格的少先队员，现在的他们又迎来了一个光荣时刻——授臂章！孩子们小心翼翼地为对方戴上代表着希望与荣耀的臂章，感恩在活动中一起努力与成长，并送给对方一句成长的悄悄话。活动现场，玉律学校校长还为臂章十佳设计者颁发了奖状，为孩子们的创意、成长点赞！

【实操小贴士】有关臂章设计：班级层面要告诉学生设计的目标方向是什么、希望达到什么效果，学校层面则以鼓励、评比、支持活动为主。有关授臂章：班级与学校层面要注重臂章的宣传，让学生觉得得之不易，备感珍惜，培养其荣誉感。有关草木风采秀：各班主任要考虑展什么、怎么展才能达到以探究草木为平台来培养小队合作的能力。

三　活动反思与延伸

本次活动达到了预期的效果。通过探究草木的活动，小队员们将实践中的收获化为内生的力量，汲取能量，茁壮成长。回顾整个活动，充分挖掘了活动的育人价值，提升了学生的综合素养。一是思维品质的提升，主要体现在探究草木过程中，学生主动发现问题，能通过及时请教科学老师与花工伯伯、网上查询等多种方法进行解决。二是合作沟通力的提升，活动的开展离不开小队的分工合作，整个活动过程中，小队通力合作无处不在，例如活动前期的分工策划、探究过程中遇到困难合力解决等。三是创造能力的提升，学生能够因活动需要进行自主策划，活动之后懂得反思。

本活动针对二年级的学生天性活泼、重视他人的评价、集体荣誉意识增强等年龄特征而设计，可结合其他年级学生的身心特点，扩宽活动的实用价值。同时我们也可思考：如何在具有丰富的小队组织生活经验的基础上，利用群体的团结力量，促进学生主动成长？如何利用相关小队活动，在活动实践与关系构建过程中，促成小队和学生的个体性及社会性的发展？

（罗卓姬）

主题五：朗读大舞台，我读故我在
——在班级自主朗读文化创建中促学生发展

一 活动策划背景

朗读，是把文字转化为有声语言的一种创造性活动，是一种出声的阅读方式，是眼、口、耳、脑协同作用的创造性阅读活动。就语文学习而言，朗读是最重要的。朗读，是阅读的起点，是语文学习中的一项重要基本功，也是理解课文的重要手段。

（1）常规现状分析：在教学实践中我们却发现，学生读起书来，有的节奏拖拉，有的读漏读错，有的吐字不清，有的抢读快读……学生不愿读、不会读和读不好的情况很普遍。除智力因素之外，笔者认为对朗读这一学习任务的自我效能感低是学生朗读学习效果差的根本原因。所以，在朗读教学中，我们需要关注学生的朗读问题，探索原因，找到对策，帮助学生建立朗读自信。

（2）创新突破性目标：鉴于以上存在的问题，我们试图从自主朗读这一角度出发，尝试通过提高学生朗读的自我效能感，在创建班级朗读文化的过程中去寻求解决办法，以此来突破目前朗读教学的诸多瓶颈。

如何提高学生朗读的自我效能感？笔者以在班级开展的朗读系列实践活动为例来进行阐述。

二 活动流程设计与实施

第一阶段：培养学生自主学习的兴趣

1. 自主学朗读

笔者一直以"自主学习"为语文教学的研究重点，努力探索培养学生自主学习的能力。朗读，是语文自主学习中一项重要的学习任务。在创建班级特色朗读文化的实践中，笔者提出"自主朗读"这一教学理念，倡导在朗读教学的过程中引导学生从认识朗读和学习朗读方法开始，在朗读实践中不断地寻找适合自己的方法和策略，自己学会朗读，达到自主自觉自悟的教学目的。

2. 朗读激兴趣

如何让学生学会自主朗读？搭建平台是第一步。为了让学生有更多的空间、更便捷的机会展示自己的风采，笔者所在班级创建了微信公众号"孵梦树"，开设了各类班级特色栏目。这个微信平台是班级教室文化平台的拓展和延伸，以其新颖独特的展示方式深受学生和家长的喜爱。为开发朗读本身的育人价值，推动班级朗读文化的创建，笔者增设了与班级朗读文化相关的若干动态特色栏目：阅读坊之读绘本讲绘本、读诗坊、我是小小朗读者、我是小小演说家、我是小小古诗领读者等。这些栏目共同构成了班级空中"朗读大舞台"。

朗读大舞台，想读你就来！多方位、多维度的立体动态展示平台，从学生的现实需求出发，满足了学生展示自我的渴望，激发了学生深度参与的热情，吸引着学生秀出个性化朗读，做最好的自己。朗读大舞台成为学生喜爱的"孵梦空间"。

【实操小贴士】自主朗读是在班级语文自主学习的大背景下开展的，所以在班级实践中须注意朗读专项训练要渗透在语文教学中，互为融合与促进。自主朗读的实践过程同时也是学生自主学习语文的实践过程，它自然也成为提升学生语文自主学习品质的动能之一。

班级微信公众号的创建只是自主朗读平台的一个形式，每个班级可以根据班级情况进行班级特色平台的搭建，比如在班级开设固定的"朗读日"，定期开设"朗诵会"等，形式尽量新颖多样化，目的就是激发学生兴趣，让学生能主动参与，给他们一个自由展示的舞台。

第二阶段：引导学生学会学习的方法

要让学生学会自主朗读，除了给学生搭建展示平台，激发学生的兴趣之外，还需要教会学生自己学习朗读的方法。自主朗读，就是让学生独立自主学习朗读。在实践中，笔者尝试了以下三种引导学生自主学习朗读的策略：

1. "我读我背"三字经

班级原创的朗读背诵三字经，让枯燥的朗读训练有了色彩，让学习朗读的方法变得生动而有趣，学生按照这个朗读指引学习：一朗读，二背诵，三练习。学生在朗读学习的过程中自然领悟朗读基本的学习方法，提高了自学朗读的效率。

"我读我背"三字经

【一朗读】

朗读时，请站好，读题目，读作者。声响亮，字咬准，巧停顿，有感情。

【二背诵】

背诵时，请关书，声洪亮，字音准。有感情，要流利，不漏字，背熟练。

【三练习】

学朗读，要自主。情在前，读在后。培语感，贵自然。勤练习，多展示。

2. "我读我评"争星卡

朗读评价是检验朗读效果不可或缺的一个环节，自然也是需要学生自主参与的，笔者根据班级学生情况设计出适合本班学生的"我读我评"争星卡，以此来引导学生开展朗读自评。通过自己给自己打星的方式，让学生不断挑战自我，朗读争星，从而一步步提高自己的朗读自信与朗读水平，在反复练习中达到自己的心理目标。

"我读我评"争星卡			
(自主朗读学习要求和评价标准)			
姓名：		篇目：	
级 别	朗 读	背 诵	演讲、讲故事……
一星级	正确★	正确★	……
二星级	正确、流利★★	正确、流利★★	……
三星级	正确、流利、有感情★★★	正确、流利、有感情★★★	……
第一次自评得星			
第二次自评得星			
……			

3. "我的学习小伙伴"活动

同伴互学，就是同伴之间互助学习。具体到朗读学习，就是和自己的小伙伴一起学习朗读。笔者通过在班级开展"我的学习小伙伴"主题活动，让学生在活动中学会合作，感悟学法。本着性格和特长互补的原则，通过自由组合与老师协调，每个学生有了一个自己的小伙伴，取长补短进步快。有了学习小伙伴，与朗读学习有关的所有问题均由两个人自主商讨，自主决定。除了共同完成课堂上的学习任务外，两个小伙伴可以自主选择课间或课后的时间一起学习，共同解决朗读中遇到的问题，共同探索自主朗读的奥秘。

【实操小贴士】朗读有三个层次：第一个是读正确，就是把字音读准，不添字漏字。第二个是读流利，就是能够注意好停顿、轻重、节奏。第三个是有感情，就是能读出自己的感受，别人能听出你要表达的感受。朗读的三个层次决定了朗读的学习需要分阶段、分步骤、分层级地开展。这是朗读学习的特点，也是自主朗读的训练点。

但是在实际的操作中，学生的朗读发展水平不一，所以"我读我评"争星卡的设计要关注多层级的学生需求：一方面，自评得星的次数不限，给朗读水平中下的学生留出足够的练习时间；另一方面，对朗读的广义内涵进行了延伸，比如增加了"演讲、讲故事"等语言类的学习活动，让朗读水平高的学生继续挑战语言学习，展示自我。以上学习设计需要因班而异，因生而异。

第三阶段：培养学生勇敢挑战自我

1. 创意朗读视频征集令

拍创意朗读视频，是自主朗读在家庭学习场所里的一种存在方式，从实践的效果来看，它联结起学校和家庭，在一定程度上催化了家校朗读合作的自然生成，促成了家庭亲子互动，改善了家庭亲子关系。亲子朗读拍摄，是家长与孩子相伴成长的过程，也是重新发现自我、挑战自我的过程，这个过程是美妙而精彩的。

拍创意朗读视频的基本流程是：自选朗读—课外拍摄—微信上传。老师布置创意朗读主题，学生课外自由拍摄，最后上传到班级微信群展示。在这一过程中，老师只需要布置大的主题，剩下的工作全部由学生自主完成。这个方法源自疫情期间"空中课堂"的云教学模式，学生通过拍朗读视频，在镜头前捕捉自己的独特创意点，在网络上凸显自身的朗读优势，实现了学生人人都想当小主播的梦想，展示了学生的个性化朗读。

2. 多方位立体朗读展示

朗读需要展示，学生需要鼓励。在班级开展自主朗读文化创建的过程中，朗读展示是自主朗读的最后一个环节，也是鼓励学生持续学习的一种奖励方式。朗读秀可以根据时空划分为三种：课堂现场展示、课间视频展示和公众号发布宣传。

课堂现场展示，就是在日常课堂上，因教学的要求而开展的现场朗读秀活动。这种朗读与学科教学紧密联系，一般可以采用朗读比赛的方式，让学生自主展示自己的朗读水平。在课堂上要及时评选出"课堂朗读小明星""朗读进步之星"等，进行口头表扬或颁发喜报。

课间视频展示，就是下课后利用课间十分钟的时间，不定时分批分类及时循环播放学生的创意朗读视频，教室变成朗读展示厅。让学生通过互相观摩朗读视频提升朗读的方法和技巧。

公众号发布宣传，就是利用班级微信公众号的展示平台，随时发布学生的各类创意朗读视频，这是班级朗读文化建设的一个重要途径，也是家校合作的一种有效方式，更是促进家校沟通，打造学习型家庭的一个重要平台。

3. 多渠道参加各类朗读比赛

为了进一步提升学生的朗读专业水平，结合学校的常规比赛活动，我们在班级还开展了小小朗读者、小小演讲家、才艺大舞台等班级比赛活动，鼓励学生全员参与，特别优秀的学生，推荐参加更高级别的朗读比赛。学生们在准备、参与和观看比赛的过程中，学习了专业的朗读，提升了朗读的素养，更增加了朗读自信，在朗读中收获了自主成长。

笔者所在班级开展了各类丰富多彩的朗读比赛活动，目的是将朗读训练渗透到学校或班级日常的各项活动中去，让朗读成为班级特色文化一道独特的风景。

【实操小贴士】根据朗读秀开展班级朗读比赛的评选，以评促读，以奖促学。不管是口头的奖励，还是颁发的奖状，都是对学生自主参与朗读的极大鼓励，对学生朗读学习的肯定。奖项的设置应该从不同维度设计，比如朗读之星、背诵之星、朗读进步标兵、朗读挑战王、魅力朗读星、亲子朗读奖、朗读闯关奖、最具人气朗读者等，尽量让每个孩子都能在朗读活动中收获成功——自己和自己比的成功、努力后变得自信的成功，提升学生对朗读的自我效能感，让学生在这种活动中持续体验到成功的喜悦。

三 活动反思与延伸

回顾本班自主朗读文化的创建过程，其规律性的基本流程是：学方法—激兴趣—主动练。（如下页图所示）

笔者所在班级的学生通过"学习小伙伴"这种方式自主开展了各具特色的朗读互学训练活动。"学习小伙伴"因具体的朗读任务而变成"朗读小伙伴"，小伙伴们按照自己喜欢的方式，自主自觉自探，互读互听互纠，互学互帮互评，在轻松的氛围下取长补短，共同进步！在学习朗读的过程中，他们快乐而自信，既学会了朗读，也收获了友情。

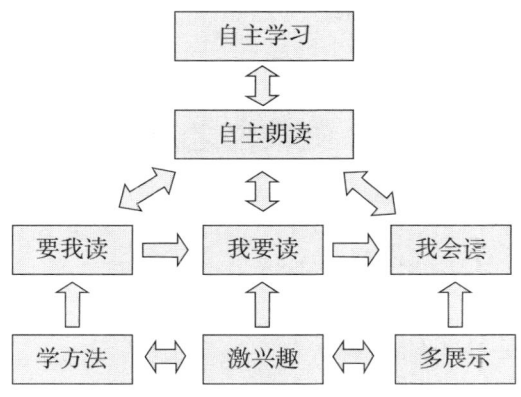

班级自主朗读文化创建流程图

实践证明,自主朗读实践的开展有助于改善学生的学习状态,助推学生积极学习。笔者所在班级的学生变化明显,学生爱朗读,会朗读,尤其是班级的后进生变化巨大,每个孩子和自己比都有了很大的进步:不敢朗读的学生开始自信了,还自主拍朗读视频;不会朗读的学生也自主找同学一起学习合作朗读了;上课注意力不集中的学生开始积极举手朗读了;有个性的不听要求的学生也终于学会轻声朗读了……

纵观班级自主朗读文化创建的探索实践,笔者倡导不一样的朗读训练要求,从正确读到创意读,从互助读到比赛读,从打基础到探索朗读的乐趣,从趣读到提升朗读的素养,让同伴互学从学习小伙伴到小组多人互学,再到班级样体互学。

归纳起来就是:不求统一,但求个性;异中求同,一起进步!开展朗读个性化训练,促进孩子在朗读中个性化发展。让朗读成为学生生命的一种学习状态,让其生命因朗读而更明亮多彩!

（赵 霞）

主题六：建语言之梯，促技能之用
——以自闭症儿童班级"生活语文"课程开发为例

一 活动策划背景

语言发展障碍是自闭症学生的核心障碍之一，主要表现在语言的理解能力和运用能力方面。大部分自闭症学生缺乏主动性语言，存在不同程度的构音障碍，如音量小、音调异常等。语言发展障碍作为自闭症学生临床表现最为突出的症状之一，为其生活带来了极大不便，他们无法表达自己的意图，也不能领会他人的意愿，游离在这个世界之外，既走不进传统的社会主流意识，也走不出自己的内心世界。情绪失控、动作怪异是他们身上的标签，多数孩子常伴有自残和攻击他人等行为。笔者经多年观察发现，多数自闭症学生随着年龄的增长，语言功能会逐渐退化，随之而来的是兴趣越来越狭隘，社会关系越来越单一，最终致使他们丧失最基本的生活技能，生活无法自理。

"生活语文"是一门立足生活，围绕"识、读、说、写"开展的课程。它能够帮助自闭症学生从习得简单的语言文字开始，结合他们运用语言的特征和共性，输入语言记忆，进而通过情景记忆将所习得的语言知识内化转换并在生活中输出，以此达到提高自闭症学生沟通、理解、阅读的能力，最终提升他们的生活质量和改善他们的社会关系。笔者针对所带学生的语言发展特点，经过九年的教学实践和追踪调查，分别从建构语音基础、解决核心语法、疏通语用技能、提升语意迁移四个维度阐述"生活语文"课程在培养自闭症学生生活技能方面的方法与实施成效。

二 活动流程设计与实施

2011年9月，笔者接手自闭症一年级新班，有12名学生，都属于重度自闭症，并伴有不同程度的语言障碍。一半以上学生没有语言表达能力，不能完成指令性动作。其余的学生有的会仿说，但仿说过程中口型单一；有的对声音异常敏感，嘴里会发出一连串高低不等的语音，因不会正确发音，常常不是捂着耳朵尖叫就是用头撞击黑板和桌子。观察发现，学生在日常简单交流中要么沉默，要么表达的语言存在音素的替代、歪曲、遗漏和添加等异常，或者在音质、音调和音量方面存在问题，如音调高低分不清楚、语流不顺畅等。他们在语音发展方面存在构音和声音双重障碍。

经过对12名自闭症学生进行语言发展的专业评估，笔者发现他们的认知是由局部到整体，由具体到抽象。在学生刚进入一年级的时候，笔者就和家长达成共识，在初期语言的建构中需要家庭、学校、社会统一使用普通话，让他们所听、所说、所看、所写、所用都是同一种语言。

语言的发展不一定能实现自闭症学生心灵的成长，不一定能让他们在沟通上变得"正常化"，也不一定能提高他们的生活技能，但一定可以帮助他们接近人生梦想。九年时间，笔者所带的班级成效显著，开创了很多"第一个（次）"，如：建校以来第一次站在国旗下发言的自闭症学生锋和坚；建校以来第一次以班集体为单位和普校学生同台竞技深圳市级童话剧大赛荣获二等奖的12名学生全部患有自闭症；建校以来第一个站上舞台主持节目的自闭症学生锋；建校以来第一次选派自闭症学生去参加田径比赛并获得5金1银的好成绩。每个学期班级还会举办歌咏会，给每位学生创造语言与生活联结的机会，让学生将语用技能应用得更为广泛。

第一阶段：语音游戏化——扩充和积累日常词汇量

语音是有声语言的基础。笔者综合了这12名自闭症学生在语言发展中需要解决的问题，紧紧围绕生活技能的培养制订实施计划。根据语音记忆的特点，在"生活语文"课程的设置中重新将语言符号的音、形、义有机结合起来，使学生对一般语言知识和发音规律建立初步感知。笔者一方面引导他们体会发音要领，掌握发音技巧；另一方面培养正确的语音习惯，为他们能清楚、流利地在生活中表达出每一个字打下坚实的基础。

训练项目	训练内容	训练目的	方法举例或操作要求
呼吸训练	吹蜡烛、吹单层轻薄纸片、吹乒乓球、吹气球、吹羽毛、吹泡泡等。	锻炼吸、呼气肌肉群的力量。	例如：点燃数根小蜡烛，让学生来吹，首先是一根一根地吹，然后一口气能吹灭。
口舌操训练	第一节：口部训练；第二节：舌部训练；第三节：呼吸训练；第四节：嗓音训练；第五节：鼻音训练；第六节：音素训练。	锻炼舌头的灵活度。	例如：配轻柔的音乐，采取每次一到两节的循序渐进的方式带领学生练习。
拼音训练	单韵母：a o e i u ü。声母：b p m f d t n l g k h j q x z c s zh ch sh r y w。	运用各种方法让自闭症学生把这6个单韵母发得响亮、干净、好听。	例如：发o音，口张开，嘴唇要圆，舌面后部抬起。可配合手的动作，右手手掌半握圆，放在口前，口不动，发喔音。
声调训练	唱音练习。四声练习。常用词：一声、二声、三声、四声。说句子。学儿歌。	自然过渡到生活中的正确发音，积累生活词汇。	唱音练习：yi ya yi ya wu…… 四声练习：gē gé gě gè。 常用词： 一声：哥哥、高兴、姑姑、西瓜； 二声：隔壁、国家、田字格； 三声：苹果、小狗、骨头； 四声：告诉、冠军、故乡。 说句子：小狗汪汪叫。弟弟吃苹果。 学儿歌《小花狗》：一只小花狗，坐在大门口，两眼黑溜溜，想吃肉骨头。

【实操小贴士】促进语音的发展是帮助他们进入语法练习的根基，下页表格展示的仅仅是针对12名自闭症学生的语音训练的内容提纲以及即时性的评价指标，在真正的实施过程中，笔者将每一项训练单独拆分，然后在运

用中再进行生活迁移，让他们能在生活中真正发出有意义的语音。

任务用时 ____ min		情绪状态 _____		兴趣程度 _____	
评 价	独立性	独立完成（　）	强 化	食物强化（　）	教师签字
		口头提示下完成（　）		社会性强化（　）	
		触体协助下完成（　）		食物+社会性强化（　）	
	注意力	注意力集中（　）	练 习	一次性完成（　）	
		偶尔开小差（　）		间隔完成（　）	
		频繁地开小差（　）		有情绪（　）	

第二阶段：语法趣味化——促进自闭症儿童沟通技能的发展

有关自闭症儿童语法发展的研究结果表明，他们的语言结构与正常学生和智力低下学生的语言结构差别不大，只是其语言结构和语法发展较为缓慢而已。笔者发现，在对自闭症学生的语言结构进行研究时所遇到的最大障碍就是句子中的颠倒词序和语言的重复性。例如他们会把"我要吃饭"说成"吃饭我要"；自闭症学生的重复性语言往往是以自我为中心，重复性的话语并不具有针对性，其目的也不是为了与他人进行交流。

笔者在语法应用阶段参考蒙台梭利语言教学法，将词性进行分类。为了便于学生区分和归类，笔者用三角形表示名词，用圆形表示动词，用长方形表示量词，用感叹号表示形容词。（如下图所示）

▲	●	▮	▮▲
名　词	动　词	量　词	形容词
动物类：马、牛、羊……植物类：花、草、树……交通工具类：汽车、火车、船、飞机……	跑、跳、拉、蹲、跨、拍、推、抬、笑、哭……	张、件、个、条、辆、台、双、斤、阵、群……	软软的、木造的、漂亮的、漆黑的、透明的、弯弯的、甜甜的……

人类的第二个大脑是手，带领自闭症学生用手和身体去探索世界是笔者

帮助他们建立语法记忆的基础。为了增强趣味性和在生活中加以运用，笔者将各种词性进行关联。

首先是名词贴标签游戏：教室名词贴标签，如桌、椅、黑板、讲台、门、窗等；校园场所名词贴标签，如操场、宿舍、体育馆、走廊、教学楼等；家庭名词贴标签，如厨房用品、家用电器、家具、家庭成员；社区娱乐设施名词贴标签，如滑梯、健身器材；公共场所名词贴标签，如电影院、×××公园、×××商场。为了让学生对校园形成记忆，每次做完名词贴标签活动后再提醒学生将标签进行回收，放进属于他们自己的名词袋。这个过程对于自闭症儿童来说，既是对爱护环境的培养，又是将所学名词进行再次输入。

其次是动词游戏，这是结合身体开展的一项语法记忆，由教师发出动词指令，学生根据指令做相对应动作。这里有三个层次：（1）单个动词游戏，如爬、跳、拍、笑、哭、吹、闻、拉、推等；（2）在单个动词基础上进行动词短句游戏，如爬一爬、跳一跳、拍一拍、拉一拉、推一推等；（3）含有动词的句子游戏，如请亲好朋友的脸、请跟老师握手、请跳出教室等。

接着是量词游戏，根据生活中积累到的名词，通过图片提示将量词、名词组合成一个短语，如一张桌子、一件衣服、一双鞋、一只猫、一只狗等。

最后是将量词、形容词、名词结合，如一颗软软的糖、一间木造的房子、一条弯弯的道路等。

【实操小贴士】语法的输入是一种便于学生进一步理解他人沟通的策略。该策略常采用图片、视觉符号、自然语言刺激（在说话时，加上视觉图像符号）等来扩大生活中经常用到的沟通词汇进行输入，借助扩大化的外界刺激使自闭症儿童更好地理解他人的言语、环境的含义、沟通的技能等。

第三阶段：语用情境化——助力自闭症儿童语用技能的提升

在语用方面，尽管自闭症学生能尽量表达自己想要的东西，如食品、玩具等，但他们往往不知道如何与人持续交谈，很难进行更高层次的社会人际交往。例如生病发烧了，学生会拉着教师的手去摸自己的额头，当教师问"头怎么了"，学生却回答"头怎么了？头去医院"，旁人难以理解他们想要表达的意思。在这种情况下，笔者转换了一种思路，让学生跟大自然"对话"。用观察与探索的方式聚焦他们的兴趣点，在观察大自然的过程中由静态转换成动态，激发学生在语用技巧上逐渐形成自己的思维模式。

与大自然"对话"	
与天气"对话"	记录每日所在城市的天气，借用已经学过的拼音知识和输入法里的"手写功能"在电脑或者手机里查询天气和温度，用句式"×月×日，晴，最高温度×°，最低温度×°。"来表述。
与植物"对话"	引导学生到真实的情景中启动身体的感觉器官来看、触、闻，进而去发现身边的每一棵树、每一朵花、每一棵草，按照类别给这些花草树木制作名片，如校园景观树的名片、小区景观树的名片、水果树的名片、花的名片等。名片内容可设置为：植物名称、植物别名、植物种类、植物外形等。
与动物"对话"	在与植物"对话"的基础上与动物"对话"，引导学生的观察由静态生命向动态生命转换。如记录蚕的生长、金鱼的一生、有趣的泥鳅、可爱的小乌龟等。这个阶段学生的语言有了进一步的突破，比如他们会说：蚕变成蝴蝶飞走了；金鱼在水里游来游去；三只泥鳅死了两只，还剩下一只；乌龟长大了。
与成长"对话"	带领学生记录自己的身高、体重、年龄来感知"我"也是生命的一部分。制作"生命轴"，每个年龄段找一个代表物或者是自己的照片，用一根长长的线串起来，展示自己从出生到当下的生命历程。

【实操小贴士】水流云在，朝露濡湿，生命与生命的联结本来就在大自然的平常中，带领自闭症学生回归到澄澈、良善的大自然，用独特的语用技巧去记录和解开大自然的密码，让"对话""回归自我"，感受"自我"就是大自然的一部分。

三 活动反思与延伸

语意迁移属于延伸部分，是指学习者在学习过程中已经具有初步的语用知识技能，它与目的语的语用知识相似却不同，它会对新的语用知识的获得产生影响，变成另一种意思。也就是说同一个字，在不同的词语或者句子里，具有不同的实际意义，如马车、马路，同一个"马"字，在不同的词语里意义大不相同。

1. 自闭症学生语意迁移的特点

尽管这12个自闭症学生经过九年的积累，掌握的词汇不少，但由于自闭症学生固定的思维模式，词汇的迁移对一部分语言技能刚刚发展起来的自闭症学生来说有一定的困难。例如他们学会了果园里的苹果叫水果，但他们往往弄不明白客厅里的苹果或者超市里的苹果也叫水果。

2. 明确突破语意迁移的实施计划与预期效果

为了突破自闭症学生在语意迁移中的固化模式，笔者探索大主题教学模式，大胆尝试将语文学科与其他学科交叉融合，期望这种整合的教学方式不仅能培养自闭症学生掌握语言知识和语用技能，还能在此基础上进行灵活迁移应用解决真实世界中的问题。它的核心特征就是：跨学科、趣味性、体验性、情境性、协作性、设计性、艺术性、实证性和技术增强性等。

3. 探索突破语意迁移的实施步骤

为了进一步帮助自闭症学生在生活中正确多元化地使用语言，笔者分别从语意单元、语意转折、语意递进和语意跳跃四个方面来探索，如下图所示：

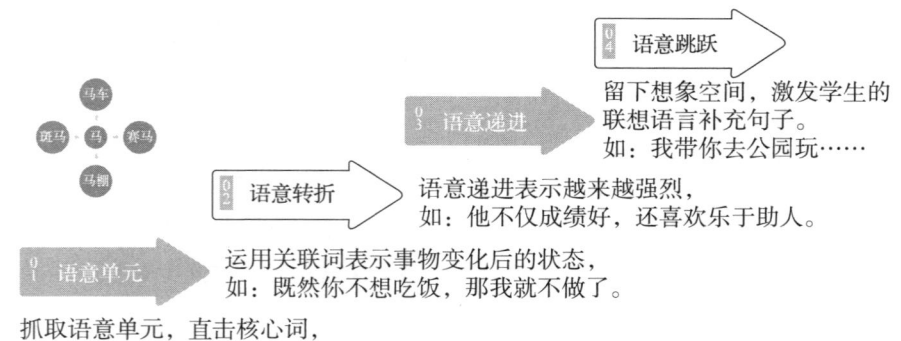

4. 语意迁移的实施效果与思考

笔者经过上图所示的实践步骤，发现锋和坚两位学生能达到语意跳跃的层次，他们不仅能看图写话，还能根据每天发生的事情进行记录，将现实空间与想象空间的物体进行联系，口头表达教师给予的想象空间部分；其余十位自闭症学生在语意单元的环节有大量的词汇积累,如"马"字的组词,可是一旦将"马"的组词转成形容词,如"马虎",他们就无法理解。

笔者通过观察发现,当自闭症学生暂时无法达到某一个学习高度时,应该回归到当下,让他们在现有学习阶段中继续扩大兴趣范围,比如用文字去搜索喜欢听的歌曲,用手机查阅天气,并根据天气特征选择出行方式。语言的发展让自闭症学生情绪越来越稳定,能正确表达身体的不适以及向他人寻求帮助。不过对于自闭症学生来说,最难以突破的还是语意的迁移,笔者会进一步探索。

自闭症(孤独症)谱系障碍的典型特征是社会交往障碍、语言障碍,同时还伴有刻板的兴趣和行为。自闭症学生语言发展的研究仍然是自闭症学生问题研究的一个重要内容。对于他们的干预,需要注意干预的方法,注意结合自闭症学生语言发展的阶段特点来制定干预策略,也需要干预者有更多的耐心与责任心。对自闭症学生的干预,需要社会更广泛的关注与支持,也需要家长更有效的配合。

(邓景秀)

主题七：趣味学英语，节点巧展示
——疫情下班级英语云艺术节活动

一　活动策划背景

庚子鼠年，一场意想不到的疫情席卷全球。学校不得不从传统的面授课程模式，迅速切换成全新的网络授课模式。云课堂、云家访、云作业、云会议、云家长会等一系列的线上活动应运而生。它们借助现代化技术手段，解决了被疫情阻断的面对面互动问题，保障了教育教学活动的正常进行。我们从中充分享受到科技的便捷和高效，也意识到未来已来，智能化、数据化和线上化将是发展的趋势！

（1）常规现状分析：每年的3—5月份是深圳市南山区一年一度的英语节和艺术节。区里和学校会围绕这两个节日开展一系列的学科活动。笔者曾全程参与这些活动的组织和实施，对它们的操作方式有非常深入的了解。孩子们在这些活动中开拓思维，深入探究，相互协作，共同成长。如果因为疫情，就此取消所有活动，那对班级和孩子来说，真的是很大的损失。

（2）创新突破性目标：如果想延续这些活动，云上活动就是最好的选择，它不受时空限制，顺应目前形势变化的需求，具有明显的优势。疫情前期，借助云技术，笔者曾先后在班级举行了"宅在家，不添乱""春会来，花会开"等云上展示活动（记录于班级公众号"王之荣耀二班"），受到家长和学生们的一致好评，大家对云上活动也有了初步的了解。基于此，承办网络英语云艺术节的设想破土而出，当英语遇上艺术，当网络邂逅英语，给学生带来不一样的感动和收获！

下面，笔者就此次特别的云艺术节活动进行完整的案例阐述。

二 活动流程设计与实施

第一阶段：准备策划

1. 能力预估，确定内容

班级曾举办过各种艺术活动："清音流韵"诗词大会、戏剧舞蹈《梨园新蕾》、《金鹅》绘本剧展演、班级艺术选拔大赛、全班大合唱等。孩子们有非常高的艺术素养和非常丰富的舞台表演经验。在英语教学中，笔者也一直坚持进行英语文化教学，注重培养英语思维和综合运用能力。因而，他们完全具备参与英语云艺术节的条件！综上所述，我们确定以英语为载体，对艺术类活动进行统整，构成本次活动的主要内容。

类 型	内 容	表演要求	英语要求
造型艺术类	名画模仿	1. 动态展示。拍摄视频，或者由静态照片合成动态视频。 2. 以人物名画模仿为主。 3. 家长可以化妆、导演或者摄影的方式参与。	1. 用英语针对名画背景和画的主要构成元素进行旁白介绍。 2. 以画中人的身份用英语进行自我介绍。
表演艺术类	家庭舞蹈 乐器伴唱 电影模仿	1. 舞蹈需伴有现场演唱。 2. 乐器弹奏需有现场伴唱。 3. 家长参与部分可灵活处理，但应有体现。	1. 乐器和舞蹈的现场伴唱必须是英语歌曲，主要以课内和课外增补的英语歌曲为主。 2. 电影模仿的片段需节选自英语电影。
语言艺术类	诗歌朗诵 故事讲述 动画配音	1. 朗诵、讲述可配音乐。 2. 动画配音要去原音。 3. 注意时长控制。	1. 朗诵内容必须是英语诗歌或者英语童谣。 2. 动画配音必须是英语动画，可使用英语趣配音等 App。
综合艺术类	音乐短剧 情景表演	形式不限，合理安排角色，突出学生。	1. 表演过程中只能使用英语。 2. 音乐短剧和情景表演的背景音乐必须是英语版本。

2. 团队组建，善用资源

云上大型的集体活动，同样需要团队的力量！根据本班家委的构架和职责分配，笔者决定以活动组为主力，发挥其成员领导和沟通的优势，带领全体家委参与此次幕后工作。

活动筹备 分工安排	活动总负责	动员宣传，跟进流程
	活动顾问和技术指导	提供技术和英语学习指导
	设计组	海报设计，文案
	投票统计	利用问卷星，设计投票系统
	奖项组	设计奖项，准备奖状
	宣传组	公众号活动报道，资料收集

我们召开了第一次高效的视频会议，内容如下：（1）活动起因、宗旨以及目标。（2）活动总负责人及其职责。（3）筹备组分工安排。（4）讨论反馈和分工微调，确保每个人都在适合的岗位上。（5）对岗位的职责的讨论、答疑和补充。（6）评价标准的制定。（7）各环节具体时间安排。（8）总结会议重点。视频会议非常高效，也为后续活动的顺利开展奠定了强大的后援基础。

【实操小贴士】班级如果没有大量的阅读积累和大型活动参与经验，活动的组织和进行会有些难度。但教师可以依据学生的实际情况，调整难度等级，给出每种活动类型的选择范围。例如动画配音，方案中可以提供3～5个指定的配音故事，学生选择其一进行展示即可。当然，从长远的角度出发，教师在日常教学中就要多维度地整合资源，重视英语课外拓展和文化渗透。

活动团队组建环节，教师可在了解的基础上直接进行任务分配。如果不清楚家长的优势，也可以先给出任务，让他们自行选择合适的岗位，教师再根据需要进行微调。其中活动顾问和技术指导的人选还需要考虑英语程度，因为需要他们直接参与活动辅导，提供专业意见。

第二阶段：实施调整

1. 活动宣传，网络报名

设计组用H5的小程序精心设计海报在班级展开宣传。海报内含：主题、活动介绍、作品形式、制作要求、评价细则、活动时间、活动顾问和技术指导名单等。我们期待全体成员能以英语为桥,在云端共赴一场快乐而有趣的艺术节。同时,设计组还在海报后面直接插入了活动报名表,由后台生成数据汇总,完成报名统计。

2. 分类指导,线上答疑

活动顾问和技术指导按班级需求分成四大组,任务明确,各司其职。教师和指导小组一起参与线上指导,进行学习帮扶。

(1)自主完成组。

由活动组总负责,如果孩子英语能力较强,且擅长表演创编,可以在家长的协助下,或者通过同伴互助,自主进行作品的学习和展演。指导小组在线关注进度即可。

(2)艺术指导组。

由艺术导演组负责,如果孩子英语能力较强,能自主进行英语方面的学习,但对艺术展示缺乏自信,可以在导演组的指导下,进行全新的艺术构思和艺术创造。

(3)英语指导组。

由英语专业或者英语能力较强的家长负责,如果孩子无法自主进行学习，需要英语语音、语法、选材和朗读等专业的指导，可以在线求助英语指导小组。教师也参与其中，帮助学生进行有效的英语学习和知识内化。

（4）信息技术指导小组。

由熟悉软件操作的家长负责，如果遇到拍摄、剪辑、后期处理、专业软件等信息技术方面的问题，可以及时联系信息技术指导小组，他们能在线指导或者提供后台援助。

3. 作品分享，互动交流

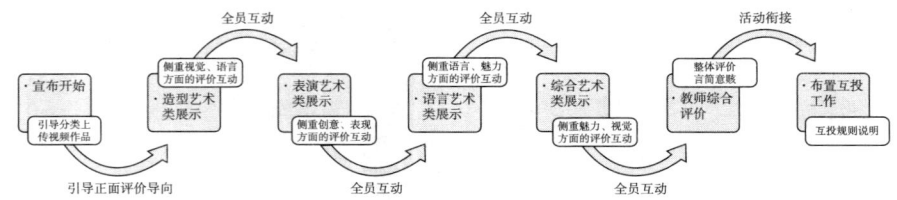

为了便于统计，规定全员在特定时段上传作品。他们也需对他人的作品进行欣赏点评，规定从艺术和英语的角度去发表看法和观感，如英语发音是否标准，表演是否有创意和特点，故事内容是否新颖有趣，名画模仿是否惟妙惟肖，作品呈现是否完整形象等。

在活动过程中，家庭之间、家长之间、生生之间、师生之间进行了大量的沟通交流，彼此之间更加默契，更加信任。积极有效的互动也更好地增强了班级凝聚力，推动了集体的共同发展。

4. 网络互投，奖项生成

本次活动并不以选拔为目的，我们更看重学习过程和分享过程，因此奖项不设等级。参与即有奖，但奖项各不相同。从艺术层面和英语层面考虑，分为最佳表现奖、最佳视觉奖、最佳演唱奖、最佳创意奖和最佳语音奖。

这是一场全员参与的活动，活动的主体是"孩子+家长"，评价的主体也以家庭为单位。作品分享的第二天，我们号召全员参与问卷星的网络互投。每份作品下共设有6项奖项，每个家庭只需根据评价标准勾出心目中对应的奖项即可。

评价标准			细节解读
基本要求	拍摄要求		时长 3 分钟以内
			横屏拍摄
	内容要求		含英语元素
			含艺术元素
			以家庭为单位参与
评价细则	综合	最具魅力奖，最佳表现奖	作品非常优秀，语音标准，感染力强
	艺术	最佳视觉奖，最佳创意奖	构思巧妙，表演富有创意，画面清晰
	英语	最佳语音奖，最佳演唱奖	语音语调准确流利，基本没有错误

【实操小贴士】分类指导小组成员可以和筹备组其他岗位名单重合，例如可同时承担分类指导小组的工作和设计组的工作。投票统计组应提前把每个作品的截图嵌入投票系统，这样便于大家对号入座，确保互投环节的公平公正。此次活动是一场展示活动，评价应当以鼓励为主，尽量保证人人有奖，但在奖项名目设置上可以凸显各自特色。活动同样适用于线下操作。尤其是把展演和评价放在线下进行，参与者的感官冲击会更加强烈，情感体验也会更加深刻。

第三阶段：总结展示

1. 云上颁奖典礼

活动的最后，一场简单而隆重的颁奖典礼必不可少。在奖项组的精心准备下，我们借助腾讯会议实现了互动交流的现场直播，流程简述如下：（1）活动回顾和点评。（2）感谢团队付出。（3）表扬优秀和典范。（4）指出不足和努力方向。（5）逐一颁奖，出示电子奖状。（6）宣布结束。（7）微信群全员证书展示。这一场仪式感满满的颁奖典礼，既是对活动的总结，也是对付出的尊重。它更让师生之间、家校之间建立了深厚的教育信任感，形成了更稳定的教育合作关系，这将更有利于班级的良性发展。

2. 公众号宣传

班级公众号发布的内容包括：活动时间和主题，每份作品的图片和奖项，云筹备过程，报名和投票过程，云颁奖典礼以及三份优秀作品录像。完整的报道和展示，不仅能记录集体活动的美好时刻，传播正确的价值观和教育观，也能让班级成员坚定信念、增强班级归属感、认同感和集体向心力。同时，公众号也是一个很好的展示平台，看到自己的作品得到更多人关注，学生会更有动力学习英语和参与活动。

【实操小贴士】颁奖典礼使用腾讯会议，能保证全员视频同时在线，相互之间能实时进行视频对话。但如果在现场互动交流上有其他的需求，可以使用其他的视频App或者小程序，比如腾讯课堂、钉钉等，不仅能实现全员实时留言，更能现场连线互动，同时还能呈现PPT和播放优秀作品。颁奖典礼和公众号报道表达了教师的教育主张和价值导向，赋予了本次活动超越本身价值的意义。

三 活动反思与延伸

疫情并没有阻断班级发展进步的步伐，云上活动和线下活动一样让大家全情投入，享受其中。正如自编、自导、自演疫情主题情景剧《阳光总在风雨后》的孩子家长所说："此次活动收获满满，孩子对自己的表现相当有成就感，对英语学习也更有信心和兴趣了。我们家长也深受感染，并身体力行给孩子做好了榜样示范。谢谢老师，组织了这么一次有意义的活动！"确实，我们也认为这是一次意义非凡的云上活动。从前期的知识文化积累，到活动阶段的内化学习和拓展延伸，再到分享评价时期的情感体验和价值判断，班级从刚开始的懈怠状态，逐步调整成思维活跃和积极向上的状态。活动过程中，多层面、多维度的互动交流和乐观正面的评价导向，建立了家校之间、家庭之间更稳固的情感纽带，促进了班级个性和共性的和谐发展。班级也因此形成了更强大的向心力和凝聚力。

英语云艺术节是一次成功的尝试，为今后班级活动的开展提供了更多的选择和可能。纵观整场活动，有两点尤其值得我们进一步探讨和研究。

第一，加强云上主题活动，丰富班级文化生活。疫情期间，线上活动的尝试让学生对新型的学习交流方式有了初步了解。未来社会是智能化和数字化的社会，线上课程和线上教育的兴起是必然的发展趋势。因此，教师可以在已有云上活动经验的基础上，积极配合各级各类的线下主题活动和学科活动，开展形式多样的云上集体活动，如云上运动会、云上读书会、云上科技作品展等，给学生的发展提供更多的展示机会和展示平台。同时，教师也可以借助云上活动的优势，突破时空障碍，增强班级内部的交往和互动行为，拉近家校距离，形成更好的教育合力！

第二，加强分类指导活动，在同伴互助中实现共同成长。在此次活动中，家委团队的分类指导，满足了不同孩子和家长的学习需求，实现了全员发展的育人目的。我们可以借鉴这次的成功经验，把分类指导运用到班级日常的各种学科活动中。教师可在班级各学科领域挑选优秀学生，组成分类指导团队，比如英语指导小组、语文指导小组、数学指导小组、体育运动小组、阅读指导小组等，给在某一方面能力较弱的学生群体提供有针对性的帮助。这样，既能让具有特定领域专长的孩子发挥所长，又能解决教师无法大面积一对一进行全员辅导的难题。同时，它还能给班级带来正面的影响，促进全员积极进取，共同进步。

（王　华）

主题八：分类做得好，垃圾变成宝
——垃圾分类主题实践活动

一　活动策划背景

在我们的日常生活中，每天都会产生大量的垃圾。但是，垃圾并非一无是处，它只是"放错了地方的资源"。随着科技的进步，很多垃圾只要进行了合理的分类和回收，甚至可以变废为宝、循环利用。但是平时为了节省处置时间和存放时间，以及没有较强的垃圾分类回收的意识，多数人都是将垃圾混合在一起存放、倾倒，这样就大大浪费了垃圾的价值。相反，如果从源头将垃圾分类投放，方便回收的同时也使其重新变成资源，这就产生了价值。因此，垃圾分类势在必行，它是实现垃圾减量化、无害化、资源化的重要举措。

（1）常规现状分析：我们国家在积极宣传垃圾分类，民众的垃圾分类意识也在加强，但在实践中还存在不少问题。就拿学校来说，学校里的垃圾桶基本上都是分可回收和不可回收两种，但很多学生缺乏将垃圾分类来扔的意识，甚至有些学生由于不清楚哪些垃圾可回收或不可回收而随便乱扔。因此，提升学生的垃圾分类意识，将垃圾分类进行到底，是本活动案例的根本性目标。

（2）创新突破性目标：基于上述背景分析，作为教育工作者，应该想方设法将垃圾分类意识植根于学生们的心中，不能让所谓的垃圾分类教育仅仅流于书本、形式。因此，笔者利用暑期开展多种形式的垃圾分类主题实践活动，教育引导学生学习垃圾分类知识，了解垃圾分类的重要性，提高垃圾分类意识，养成垃圾分类投放的习惯。并且通过各种活动，以点带面，推动家庭，带动社会，营造"垃圾分类，人人参与"的良好氛围。

二 活动流程设计与实施

第一阶段：搜集资料，强化意识

平时，学生已经通过各种形式，如垃圾分类宣传栏、国旗下讲话、班会课、黑板报等，初步树立了垃圾分类的观念。在此基础上，笔者认为应该再让学生通过亲自查阅资料、深入调查研究、制作宣传手册等形式，加深对垃圾分类的了解，提升对垃圾分类这一实际问题的重视。

（1）指导学生通过阅读书籍、上网查询以及询问家长等方法搜集垃圾危害的资料，明确垃圾分类的要求，查找垃圾分类的方法……多角度了解垃圾分类的重要性。

（2）根据收集到的课内外有关垃圾分类的知识，设计调查问卷，了解人们对垃圾分类相关知识的认识和接受程度。

先分小组设计调查问卷，由各小组组长统计问题，教师再选取各小组较好的问题进行汇总，形成一份最终的调查问卷；然后各小组走上街头，对社区居民进行调查；最后整理归纳调查问卷。

（3）根据查找的资料和问卷调查结果，找出问题的"症结"。制作相关的垃圾分类宣传手册、手抄报等，培养学生收集、整理资料的能力。

通过这一系列活动过程，帮助学生以小公民的角色立足社会，体验生活，培养他们的公民意识和社会责任感。同时，亦能提高学生自主学习和探究的能力，并且对垃圾分类知识有更加系统、全面的了解。

【实操小贴士】设计本阶段方案时，主要突出学生的自主学习和合作探究的能力，充分体现学生的主体参与性，同时也为第二阶段的活动能够顺利开展夯实了基础。但是在这一阶段也要注重教师的引领性，例如在搜集资料和问卷调查活动中，教师要引导学生有方法、有目标、有计划地去实施，这样才能取得实效。

第二阶段：展开活动，深化行为

良好习惯的养成需要一个漫长的过程，光靠纸上谈兵恐怕很难见效。为了让垃圾分类不再只是一种口号，本阶段重在围绕"学生、家庭、社会"三个维度开展活动，将垃圾分类内化为学生的优秀品质。

1. 开展"垃圾分类投放 21 天习惯养成"行动

人们常说，养成一个习惯需要 21 天。基于"21 天习惯法则"，以及在第一阶段做的准备工作，将活动延伸至家庭，通过"小手拉大手"，让环保理念更加深入人心。

指导学生了解自己家庭每天产生垃圾的种类及数量，制定家庭生活垃圾分类投放 21 天习惯养成记录卡。

参与人员				
开始日期		结束日期		
记录人		确认人		
类　别	可回收垃圾	有害垃圾	厨余垃圾	其他垃圾
第　天				

说明：请记录垃圾分类的物品及数量（张/个/Kg 等单位均可），当天无该类垃圾，请填写无。

邀请家庭成员一同参与，形成家庭公约，共同做好家庭生活垃圾的分类收集和投放。例如：

家庭公约

1. 自觉主动地将每天记录的垃圾种类投放到相应垃圾桶内；
2. 尽量减少制造生活垃圾，保持干净卫生；
3. 减少使用或不使用一次性物品；
4. 出门购物自带环保袋，不使用塑料袋；
……

家庭成员签字：

年　月　日

鼓励每个学生争当小小记录员和监督员，把家庭中垃圾分类行动以照片或视频等形式发到班级群里进行打卡，坚持21天，互相监督。

在此环节，教师对分类工作做得好、坚持久的家庭进行表扬奖励，树立典型，介绍经验，强化推广，创造家校共育的良好氛围，促进由校到家所有成员的垃圾分类习惯养成。

2. 开展"垃圾分类进社区"宣传活动

由于笔者学校地理位置比较偏僻，再加上周边外来务工人员比较多，许多人对垃圾分类知识的了解相对薄弱。为了提高社区居民的垃圾分类意识，打造一个美丽干净的社区环境，本班学生在家长的协助下，深入社区宣传和参与垃圾分类，促进家庭和社会共同参与。

（1）以小组为单位，走进社区和附近商店，将前期准备活动中自制的垃圾分类宣传手册发到居民和商户手里，向他们普及垃圾分类的相关知识，宣传垃圾分类的重要性，将垃圾分类的理念传递给每一个人。

（2）准备好自制的垃圾分类创意标签，给社区内没有分类标识的垃圾桶贴上分类标签，并在上面附以简要文字说明具体投放哪些垃圾，方便居民直观进行垃圾分类投放。邀请居民进行垃圾投放演练，学生现场指导。引导居民从身边做起，自觉、科学地进行垃圾分类，提升环保意识。

（3）在社区内帮助清洁工进行卫生打扫和垃圾捡拾，把垃圾分类投放到相应的垃圾桶里。以"小手拉大手"的形式倡导"垃圾分类，从你我做起"，增加社区居民对垃圾分类的知晓度、认同度和参与度，达到深入人心的效果。

3. 开展"变废为宝DIY"创意展览会

在倡导低碳环保教育的当今时代，引导学生收集生活中的可回收垃圾，进行变废为宝、二次利用，应当作为常规教育一以贯之。因此，在学生对垃圾分类知识足够了解以及垃圾分类习惯已经初步养成的基础上，开展亲子环保创意制作活动，帮助学生和家长进一步增强环保意识，同时培养学生的动手能力和创新意识。

本次活动以对垃圾进行废物再利用的形式开展，要求学生在家长的协助下，对废物进行富有创意、与众不同的DIY手工制作，用录制视频或拍照的形式将制作材料、制作过程以及成品展示出来，并且上传到班级QQ群，供班级成员观看、点评及评选。最终评选出"最佳创意作品"10件，"最佳制作作品"10件。

【实操小贴士】本阶段主要通过寓教于乐的活动方式来学习和宣传垃圾分类知识，养成分类习惯，使得学生对垃圾分类的认识更加清晰，并且能够在实际生活中践行环保。在这一系列活动过程中，要重点把握以学生为中心、为纽带，通过学生自身的实践与宣传，将垃圾分类意识延伸至家庭，辐射到社会。

第三阶段：回归校园，延续品质

经过暑期各种实践活动的开展，班级学生的垃圾分类意识得到了有效提升和强化。笔者将以从校园走向校外再回归到校园、由班级带动年级继而带动全校的理念继续开展班级活动，将环保意识和行为辐射整个校园，营造浓厚的环保氛围，共建和谐美好的校园环境。

（1）每月利用一次班会课，引导学生将平时闲置的生活物品或学习用品进行交换，鼓励学生减少浪费以及资源再利用。

（2）不定期开展"垃圾分类小讲堂"活动，请平时垃圾分类工作做得好的学生或家长进行知识讲授和经验分享。

（3）注重学科教学之间的互相渗透，将生活垃圾分类知识纳入班会课、道德与法治课、综合实践课、科学课等的教育内容，使生活垃圾分类教育不仅成为学校实施素质教育的重要载体，而且逐渐成为新形势下循环经济理念教育的一种有效方式。

（4）开设"垃圾分类回收站"。此站面向全校同学统一回收各类生活中的垃圾，以可回收垃圾为主，将垃圾变废为宝。

第一，选择学校宽阔的操场一角作为固定的回收站场地，放置做好分类标识的垃圾桶。

第二，挑选12位能干的"工作人员"，两两组合，每天利用课间时间轮流到站里为全校同学做好收集记录和兑换工作。

第三，每周（不含周末）前三天为回收日，同学们以年级为单位，轮流到站里交上自己收集的可回收垃圾或其他垃圾,并获得相应积分。

第四,每周后两天则为兑换日,同学们可凭自己的积分,兑换自己喜欢的奖品。这些奖品主要是各类文具用品,而采购经费就是卖废品的钱。

【实操小贴士】为了避免将垃圾分类活动又一次停留在形式上面,除了要让本班学生在处理垃圾的时候继续做好分类,更要把垃圾分类的理念传递给每一位师生,落实到校园的每一个角落。所以,要充分发挥班级的引领示范作用,开展创意活动,调动全校师生都主动参与、乐于实践的积极性。毕竟一个班级的力量是微不足道的,因此在这一阶段,学校仍要加强宣传力度,做到科学引导,规范管理。

三 活动反思与延伸

本次实践活动持续时间长,形式丰富多样,融合了校园和校外、课堂和课余、理论和实践……对同学们来说是一项巨大的挑战。虽说操作起来不容易,但是同学们的动手能力和创新意识在这次实践活动中得到了很好的锻炼。形式多样的活动,也促进了垃圾分类知识在学生心中的内化,潜移默化地影响着他们的行为,提升了他们的科学环保意识。

另外,学生与家庭、家庭与社会、学生与社会之间在本次活动中也有着相当密切的联系,要处理、把握好三者之间的关系,就要充分发挥学生这一主体的关键作用。由于前两个阶段都是学生在教师的引领以及家长的辅助之下完成活动,那么是否班级所有学生都能积极参与到实践活动中来,是教师需要重点关注的。因此,教师在假期前应该事先做好小组组织建设,将工作具体细化到每个小组、每位学生,并且制定好奖励制度,激发学生的积极性;同时,要不断加强与家长之间的联系,及时掌握学生的动态,家校共育,共同促进学生良好习惯的养成。

(肖 娟)

主题九：拆分重组，班本转化
——道德与法治课融入班级建设实施策略

一　活动策划背景

为了顺应新时代课改要求，提升学生的学科核心素养，部编版教材《道德与法治》在框架结构和编排立意上进行了进一步完善和设计。和《品德与生活》的课程教材不同，部编版教材充分贯彻以人为本的教育理念，顺应了社会主义核心价值观的教育要求，重在培养儿童成为有高尚品德、有法治精神、有健全人格、有健康体魄的"四有"社会主义接班人，这是一门综合性德育课程。同时，《道德与法治》教材中的内容更具开放性和综合性，能够让学生的成长问题得到更好的关注，为学生的未来发展及品德发展奠定良好的基础。

2018年9月10日，习近平在全国教育大会上讲话时强调："要把立德树人融入思想道德教育、文化知识教育、社会实践教育各环节，贯穿基础教育、职业教育、高等教育各领域，学科体系、教学体系、教材体系、管理体系要围绕这个目标来设计，教师要围绕这个目标来教，学生要围绕这个目标来学。"为此，学科教师要充分挖掘学科的育人价值，全面提升学生的核心素养。班主任作为班级建设和每个学生在班级建设过程中实现发展的第一责任人，在日常工作中要善于整合学科育人优势，将教育融入班级生活和学生生活的时时处处，促进学生在德、智、体、美、劳等方面的综合发展。班主任要有效利用班级管理的优势，充分开发道德与法治课的教学资源，促进学生身心健康和谐发展，实现"立德树人"的目标。

本文拟从班主任作为道德与法治课教师的角度，以小学五年级道德与法治课与班级建设融合为例，来阐述如何基于学生成长需要，将学科教学与班级建设有机融合。

二 活动流程设计与实施

第一阶段：融合学校主题活动，制订学期教学计划

小学《道德与法治》各册教材内容涵盖学生六大生活领域，即"我的健康成长、我的家庭生活、我们的学校生活、我们的社区生活、我们的国家、我们共同的世界"，体现出由近及远的生活领域：个人、家庭、学校、社区（家乡）、国家、世界。整套教材体现了七大主题教育：日常生活中的基本文明素养教育、规则意识和民主法治教育、爱国爱党教育和革命传统教育、中华优秀传统文化教育、爱自然（生态伦理）教育、国家领土与主权教育（国情教育）、开放的国际视野教育。这些教育主题与学校通常的学期大主题教育活动有很多重合之处，班级作为学校的一个组织单元，日常工作中离不开对学校大型活动的参与和学校活动环境的支持。身为班主任又是道德与法治任课教师，就为将道德与法治课与班级建设工作融合起来提供了便利条件。班主任应把握道德与法治课总体教学目标和学校相应学期主题教育活动总体设计，在此基础上将两者进行融合建构，使道德与法治课学期教学目标校本化，这是制订本班学期主题教育活动计划的基础。

部编《道德与法治》教材在体现国家和社会对儿童道德发展要求的同时，更重视"站在儿童的立场，以儿童生活作为建构教材整体结构和内容的核心，将体系化的要求糅合于儿童生活化内容中，从而柔化生硬的道德规范，内化外在的道德要求"。这样的教材更有利于我们把主题教育活动融合到儿童生活之中。以五年级上册教材为例，我们可以梳理出各单元对应的生活领域及侧重点：

教材单元		单元内容	学习主题	生活领域
五年级上册	一	面对成长中的新问题	我的健康发展	个人领域
	二	我们是班级小主人	我们的学校生活	学校领域
	三	我们的国土　我们的家园	我们的家乡	社会生活领域
	四	骄人祖先　灿烂文化	我们的国家	国家领域

我们可以从五年级上学期的单元教材目标看出教材的单元内容对应的学习主题，对应着学生的不同生活领域（家庭、学校、社区和国家）。"以生活的逻辑建构教材的结构和内容，需要考虑儿童生活的特性。"班主任需要在正确理解《道德与法治》教材特点的基础上，树立融通、整合意识，从整体上把握教材的总体目标，结合学期班级（学校）大教育主题活动序列，将道德与法治课与日常教育活动有机融合起来，整合当地教育资源，创生对应特色活动，把握学生生活的多重性、动态性，满足儿童道德成长的真需要。

班主任在学期初制订学科教学计划时，通过科学、系统地解读全册教材，针对德育课程具有时间、空间的开放性这一特点，灵活调整教学节奏，让道德与法治课教学内容与班级在本学期需要参与的校级常规主题教育活动和班级建设要求相对应，注重道德与法治课教学与学校德育活动的融合，凸显教育活动的连贯性、延伸性。以五年级上册教材为例，融合校级特色活动可以做以下教学计划：

单元目录	单元课题	对应的转化生成内容
第一单元 面对成长中的新问题	自主选择课余生活	结合学校阳光体育活动及书香校园、校本课程等系列活动
	学会沟通交流	重点讲解，与班级日常评价结合
	主动拒绝烟酒与毒品	结合德育活动中开展的禁毒知识讲座、禁毒知识竞赛等
第二单元 我们是班级的主人	选举产生班委会	略讲（结合班会）
	协商决定班级事务	结合秋季运动会、班级文化建设和班委选举等活动

续表

单元目录	单元课题	对应的转化生成内容
第三单元 我们的国土 我们的家园	我们神圣的国土	略讲（结合影视）
	中华民族一家亲	略讲（课外书渗透）
第四单元 骄人祖先 灿烂文化	美丽文字 民族瑰宝	结合我校书法特色课程
	古代科技 耀我中华	略讲（结合课外阅读）
	传统美德 源远流长	略讲（讲传统美德故事活动呈现）

道德与法治课教学中对教材的"改造性融合"可以采用以下三种方法：

第一，横向贯通性融合。如上表中略讲部分，主要是将学校、班级活动和学科教学相融合，例如《选举产生班委会》一课，可以结合班会课进行授课；第四单元《传统美德 源远流长》一课，可以结合语文学科举行的讲传统美德故事活动进行授课。

第二，纵向延伸性融合。比如第四单元的《美丽文字 民族瑰宝》，可结合我校书香校园的建设，还可以结合我校书法特色课程"传统文化进社区"活动，通过学生赏书法、写书法、写春联等创生活动，让学生能够在活动中深刻切实感受中国书法的魅力。

第三，综合实践性融合。教学"为父母分担"单元时，结合生活技能教育，对学生提出基本的劳动技能要求，制作《学校-家庭劳动实践教育学习评价手册》。班主任还可以联合家长开展劳动实践教育特色课程，每学期分年度开展劳动技能活动，学习序列化的劳动技能。我们充分挖掘学生多重的生活空间（家庭、学校、社区）里蕴含的教育实践机会和资源，结合教材内容学习，将学习实践延伸到家庭日常生活之中，促进学生良好生活习惯的养成。

此外，我们还可以根据教材内容适当进行"拆分与重组"。比如，教学"我们的节假日"单元时，班主任可以结合学校传统文化主题教育活动，将道德与法治课与语文课结合起来，组织中秋节吟诵活动，重阳节时开展登高和敬老活动，春节期间布置学生了解当地民俗文化等，让学生从感知节日气氛到体会优秀传统文化，在积极参与中享受优秀传统文化的熏陶。

【实操小贴士】道德与法治课与学生生活实际紧密相连，要想做到以上三个融合，需要教师对教材有整体把握，同时对班级也要有足够的了解和科学分析。

第二阶段：结合班级建设目标，转化单元教学重点

部编《道德与法治》教材的每个单元内容聚焦学生学习活动所指向的问题域，也体现出教育的价值导向。以五年级上册《道德与法治》教材为例，教材继续以学生的成长为背景，以"责任"为主线设置了四个单元的内容。第一单元"面对成长中的新问题"围绕学生的成长问题展开，第二单元"我们是班级的主人"围绕学生对班级的责任展开，第三单元"我们的国土　我们的家园"围绕学生对祖国的责任展开，第四单元"骄人祖先　灿烂文化"围绕学生对民族、文化的责任展开。

五年级是学生成长发展的关键期，"面对成长中的新问题"则是本学年班级建设需要解决的核心问题。具体到不同地区、不同班级，同龄孩子既有共性问题，更有其独特性。因此在道德与法治课教学中，教师要有"班本转化意识"，使单元教学目标班本化，将本单元教学内容与班级日常工作结合起来，有针对性地进行衔接和融合，不仅能有效促进教学目标的达成，更让班级建设多了抓手。

以第一单元"面对成长中的新问题"为例，本单元设置了《自主选择课余生活》《学会沟通交流》《主动拒绝烟酒与毒品》三节课。在开展道德与法治教学过程中可以创新课程资源，将道德与法治课程内容延伸到班级管理之中，形成道德与法治教学与班级建设的"双发展"。在讲授《自主选择课余生活》时，通过"课余生活我选择""课余生活助成长""过好我们的课余生活"等内容启发学生反思课余生活的意义，引动学生制订课余生活规划，让课余生活更健康更有序。在课堂之外，将学生的"课余生活规划"与班级课余生活的管理有机结合，通过组建班级课余生活兴趣小组、设立班级课间管理小卫士，将学生课余生活规划以班级规约的形式落实在学生日常生活中，引导学生在课余时间做有意义、有兴趣的事情。高年级的学生在成长过程中往往会出现师生沟通、亲子沟通、生生沟通的问题，在平时的班级管理过程

中因沟通而产生的生生矛盾、亲子矛盾层出不穷。因此笔者在讲授《学会沟通交流》时，以班级鲜活的案例导入，激发学生的思考，让学生能结合生活实际感悟道德与法治课程内容，并在课后将良好的沟通习惯列入班级常规评价之中，如每周开展"静雅之星""文明之星""美德少年"等评选活动，让"和谐沟通"根植在学生的日常生活中，内化于心，外化于行，培养学生良好的行为品德。

一是单元主题要与班级日常管理融合。通过班级已有的特色活动照片、视频或某些获奖信息引入，引导学生一起总结"班级成长大事件"，总结出值得发扬的班级特色及下阶段需要努力的方向。有了这些话题做铺垫，我们在开展"我的班规我制定"时，就会更有针对性。我们在教学过程中要激发学生主动参与，民主讨论制定出班级规则，再结合班会课，共同讨论班规有效执行的评价策略，尤其是自我成长性评价，促进学生规则意识和自律意识的提升。班规制定后重点在落实，这就需要与班级日常管理有机结合起来，常抓不懈。

二是单元主题要依据班级实情取舍。比如"班徽设计大赛"这个课题，或许有的班级在低年级已经完成了对班徽的设计，可以略讲，也可以改为延伸性设计班级吉祥物或者班服图案等，变成本班当下需要的实实在在的活动，而不是只为完成教材要求的一项教学任务。

三是单元教学进度要配合班级活动进行调整。单元课题"我们班 他们班"也很有现实意义，旨在引导学生正确处理群体之间的关系。我们在培养学生对本班的归属感和认同感的同时，也要引导学生对他班认可、宽容与尊重。班级之间的相互尊重与宽容，在平行班之间显得尤为重要。这个话题可通过道德与法治课进行思想渗透，更重要的是课后要内化为学生的日常行为。比如，同年级共同参加的各级各类比赛，以及学校内部各项评比带来的班级与班级之间的"不均等"，还有诸如篮球、足球等直接对垒输赢的赛事，极易造成平行班级之间产生隔阂或"矛盾"。此话题最好在年级间举行对抗性赛事前后进行强化和引导，可以根据学校相关比赛适当调整学习本节内容的教学时间。班级之间存有矛盾要及时引导化解，要培养学生的公平竞争意识和规则意识，有比赛就会有输赢，要引导学生理性看待输赢，如果暂时还没有这种现象，则可以通过开展班级联谊等增进班级之间的友谊。

【实操小贴士】在单元教学目标班本化的过程中，要注重专题教学活动与班级常规活动的有机融合，从而实现教学目标与班级建设共同发展的双赢。前期调查和分析很关键，根据班级学生实际情况，针对本话题可以组织一系列班级活动。

第三阶段：基于学生成长需要，细化课时教学目标

班主任在道德与法治课教学中，要注重整册教材与班级整个学期的活动的通盘整合以及单元教学目标与班级阶段目标融合的通盘规划，具体到每个课时的教学目标，则需要根据学生实际对教学目标再进一步细化，使课时目标生本化。班主任在备道德与法治课时，要根据本班学生的实际状况，如学生的年龄、兴趣爱好、认知水平、学习能力、生活环境以及生活经验等，确定学生学习的起点。除此之外，班主任还要根据道德与法治课教材中的主题，针对本班学生存在的问题或困惑进行教学，使道德与法治课对学生起到真正的教育作用。

以五年级上册第一单元"面对成长中的新问题"中的第二个话题"学会沟通交流"的教学为例。教参上对本课的教学目标定位是：（1）了解人有不同看法是很正常的，当与他人有不同看法时，我们要学会理性对待分歧。（2）懂得坦率的沟通可以有效地化解矛盾、促进和谐。

我们在进行教学设计时需要考虑：教参列举的目标是我所带的班级学生的真正需要吗？我班的孩子在沟通上最需要解决的问题是什么？为了了解本班学生的真实成长需要，教学前可以组织一次问卷调查。例如笔者指导一位年轻教师在教学前进行问卷调查之后，发现她班里的学生经常或有时和同伴发生矛盾的占一半左右。同学之间发生矛盾的主要原因是语言偏激、不能接纳别人不同的看法、表达方式不考虑对方感受等。还有一些不利于团结的行为：取外号、恶作剧、讽刺挖苦、误解、孤立、失信、打小报告、随意拿同伴东西或借东西不还、男女生互相嘲笑等。于是，这位老师结合学生实际情况，将教学目标细化为：（1）懂得坦率的沟通可以有效地化解矛盾，促进和谐。（2）懂得与人沟通要勇敢表达自己的观点，学会倾听，也要给对方解释

的机会。（3）同学之间要相互尊重。在本单元授课过程中，该位老师针对细化的教学目标开展多样有效的教学活动，取得了实实在在的育人效果。

该校老师反映，中、高年段学生之间的沟通交流是同伴交往的共性问题。于是，该校四至六年级随后也在各班进行了相应的问卷调查，各自进行了认真分析，发现了更多存在于学生之间的沟通问题，比如男女生之间的沟通障碍、女生内部的沟通障碍、优等生与后进生之间的沟通障碍以及亲子沟通障碍等，每个班凸显出来的问题点各不一样。因此，该校开展了以沟通交流为主题的心理健康月活动，让学生从掌握同伴交流的沟通技巧，拓展到掌握师生交流、亲子交流的方法，切实增强了育人效果。

【实操小贴士】学会沟通是一生的功课。不同班级、不同阶段、不同学生在沟通方面遇到的问题各异，班主任需要对班级整体沟通生态（师生间、生生间、亲子间）有比较全面的了解，从而在上本课内容时更加有的放矢。班主任可以结合班会时间和班级管理阶段性重心，适当调整道德与法治课的内容进度和教学内容，上成本班需要的课程，这需要班主任有教材解析能力和班级发展判断能力。

三　活动反思与延伸

道德与法治课贴近学生生活，其教学目标与班级建设目标有诸多一致性，作为班主任，在班级日常工作中要将二者融合，在班级建设中不仅要营造出促进学生幸福成长的班级生活氛围，更要关注学生的生活背景和生活经历，引导学生在生活实践中生成对社会的感悟，树立正确的情感、态度和价值观，形成积极向上的生活态度和价值取向，促进学生健康成长。教学中如何将教学内容与学生现实生活结合起来？教学方式如何更凸显体验和互动，与班级阶段性教育目标和活动结合起来？这需要班主任有整体架构能力。

（李世勇　许馨月）

主题十：小组共读，促进交往
——复合型综合学习小组共读活动

一、活动策划背景

在日常教育教学工作中，小组合作形式已成常态，比如班级建设层面的小组管理、学科层面的学习小组，还有各类综合性学习小组等。

（1）常规现状分析：综合开发小组复合型功能促进学生互学共进，在小组活动中提高人际交往能力，是本活动案例的根本性目标。下表反映了我们对复合型小组与传统小组的定位区别：

项目内容	传统小组	复合型小组
组织形式	相对固定的行政组织	相对灵活的项目特色组合
小组功能	过程"监督"，结果检查	重视策划、过程互动和小组总结成果展示
活动内容	按照既定要求执行常规	按照项目推进不断变换活动内容和形式
小组评价	多为显性表现的展示评价	显性成果与隐性表现相结合的发展性评价
小组目标	更关注"事"的达成	更关注在"成事"中"人"的发展

（2）创新突破性目标：基于上述背景分析及小组功能定位，身为语文老师的班主任们，不妨通过语文阅读小组活动来丰富和完善班级小组建设。多年实践经验告诉我，以"阅读交流"为媒介的各类小组活动，有意朝向学生之间的深度交往与个体的主动性发展，有助于实现小组"复合型"教育功能的发挥。笔者以曾在四年级开展的名人传记小组共读活

动为例来阐述。

二 活动流程设计与实施

第一阶段：精选书目，拟订方案

现在市面上可供学生阅读的经典读物实在太过丰富。我们在鼓励学生全面涉猎不同类别广泛阅读的基础上，更要有意识地结合学生阶段性成长需要，精选针对性书籍。

笔者在四年级开展为期两个月的名人传记系列阅读，正是针对所带班级学生家境普遍优越，从小缺乏基本的吃苦体验，凡事"浅尝辄止"，学习上遇到难题等家长或家教老师解决，生活上怕麻烦……这和物质生活丰足而导致的精神"缺钙"现象在城市学校相对普遍。

因此，笔者一直重视"成长"类主题读物的阅读。一方面每学期选定一两本书开展师生共读和亲子共读，比如二年级共读《小鹿斑比》、三年级共读《一百条裙子》、四年级共读《吹小号的天鹅》等，聚焦"故事主人公的成长话题"展开交流；另一方面精选丛书系列，在班级小组和假期读书俱乐部内进行读书漂流活动。四年级上学期，我们便选择了名人故事系列作为小组共读书。名人传记系列故事性强，通俗易懂，十岁学生自读无障碍，重点是学生能从名人成长历程中获得坚忍不拔、为了事业奋力拼搏等精神滋养。

书目确定后，教师根据班级学生人员构成及所选书目册数，和学生一起制定出阅读活动流程表，并打印下发给每个小组，确保后续活动顺利实施。（附本班小组阅读名人传记系列阅读计划）

活动流程	活动内容及形式	师生活动	补充说明
第一阶段（组内换读）	一套8册，四人小组，二组共读，人均一册	师：选书、拟订方案 生：自读、组内换读	为激励学生的精神韧性选择名人传记
第二阶段（亲子共读）	寒假期间，每人带回一本，和家长共读交流	师：给家长拓展阅读建议 生：主动和家长分享交流	初步培养学生拓展性阅读和分享的意识

续表

活动流程	活动内容及形式	师生活动	补充说明
第三阶段 (组际换读)	组际交换图书； 小组内轮读后分享	师：设计鱼骨图导读单 生：梳理关键事件，交流	多本全班共读，比较性阅读深化理解
第四阶段 (同本精读)	轮读后，以阅读小社团精读同本书，创作剧本	师：指导精读与剧本创作 生：组长牵头剧本创作	泛读之后结伴精读，剧本创作与内化

【实操小贴士】设计方案时，要把握以小组为圆心、以阅读为主线、促进多主体交叉性阅读分享的主题活动，一个核心隐性教育目标就是为学生创造多元交往机会，以"换书、聊书"为媒介让孩子主动交往。整个过程中有意设置"教师与各组之间、小组内部组员间、小组与小组之间、家长与孩子之间、不同家庭之间（家长和孩子）、师生与家长之间"等多元互动、交流机制，使得每一个阅读阶段都有相应的不同主体间的交往与交流。

第二阶段：多维互动，分享交流

本次所选名人传记系列，包含了"霍金、牛顿、爱因斯坦、比尔·盖茨、居里夫人、爱迪生、乔布斯、法布尔"等八位名人的生平故事。根据方案，每八人为一大组，四人为一小组，每人分发一本。按方案计划落实多轮阅读交往活动：

1. 组内漂流读

一周一本，次周互换读完后两两"聊书"，分享读后心得，按名人成长成名的时间轴完成一份阅读单，列出名人成长过程中的关键事件和关键人物。

2. 亲子延伸读

寒假前每名孩子选择一本自己相对喜欢或熟悉的名人传记，和家长一起广泛收集这位名人更多的故事或影视等资料，对所选名人多方位了解。

3. 组际漂流读

新学期开学后，八人大组内部两组之间互换书，确保每个人读完八本书。读完后，组内分享八位名人成长故事中的共同点和不同点。

4. 传记深度读

经历了前面的浏览性阅读后，将所有书收齐，将同位名人的传记书放在一起。在自由组合和自愿选择的基础上适当调整，形成新的阅读小组，每组聚焦一本名人传记，通过精读寻找名人成长的关键因素，为后续排练舞台剧做准备。

【实操小贴士】多元互动、交流机制只是基础，提高交往质量在于组内人际间的有效互动。"换书、交流心得"属于初级交往，"聚焦故事核心进行讨论"则有了观点碰撞，不只是信息分享，更重视思想的沟通、观点的碰撞，此时要学会倾听，对对方的观点做出恰当回应。

为此，教师要事前对组长（领读员）进行相关培训，或者在班级读书会的师生交往中，有意强化引导，使学生学会倾听、欣赏他人和合理表达自己的观点，在剧情选择上充分发表意见的同时学会相互妥协、达成一致。这些都是人际沟通中基本而重要的实用技能。

第三阶段：创作剧本，演绎精彩

经历了又一轮的充分阅读和交流之后，各组进入对名人传记进行改编、集体剧本创作和舞台剧排练阶段，进一步促进学生之间的沟通、互动、协作和创造力的发挥。（活动环节及目标如下图所示）

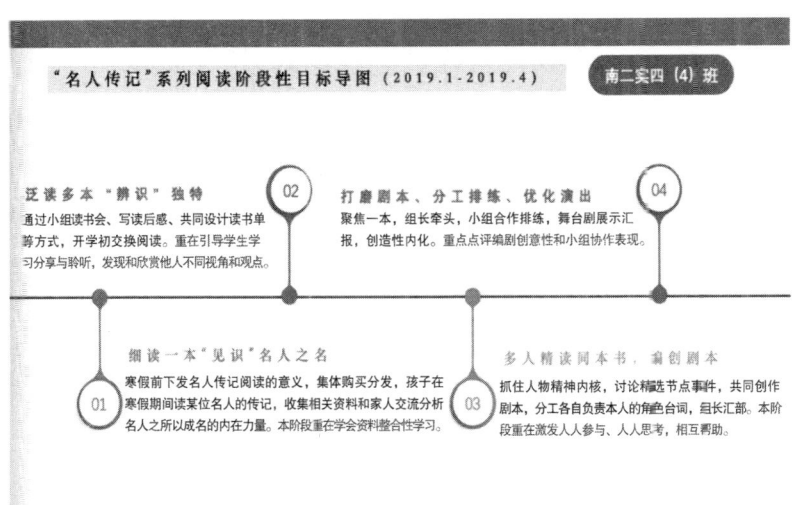

1. 精选剧情，收集资料

同读一本书，共同寻找故事中的"关键人"与"关键事"，从中挑选、确定话剧角色及重点剧情，并做好组内人员舞台剧角色分工。

2. 角色创编，整合剧本

教师指导剧本创作格式，各同学根据自己的角色及剧情需要，分头初步撰写各自的台词，后由小组推举的"小编剧"修改合并剧本。

3. 寻求外援，优化剧本

寻求外援不只是为了打磨剧本，根本目的是让学生学会与成人交往，学会求助。由各组组长邀请一位指导家长参与讨论定稿，共同商议编排动作。

4. 精心排练，打磨验收

根据剧情准备道具、熟练台词，充分利用课余时间组织排练，不断打磨，班级组织一次小组预演验收，教师或家长代表给予针对性指导。

5. 筹备会务，正式展演

展演现场组织也以学生为主体，民主推举小主持人和会务人员。主持人撰写主持稿并排练，要求环节安排完整；会务人员负责联系学校场地，组织同学向家长发创意邀请函，邀请家长和教师代表观看并做点评。

【实操小贴士】剧本创作及剧情编排过程中，教师要根据本班学生实际水平，做好扶放性指导。笔者班级自低年段开始，经常利用世界读书日、迎新年活动，结合学期专题阅读开展舞台剧展示活动。低年段由核心家委和老师共同选材、编剧，组织孩子们演出；中年段则由小组共同挑选有参考价值的剧本改编成小组舞台剧本，合作表演；高年级，则结合阶段性阅读主题，老师组织孩子们自创剧本，自己做编剧、导演，共同演绎"原创舞台剧"。因此，学生在名人故事剧本创作和舞台剧创编中，从阅读到创作自然过渡。

如果是新接触舞台剧活动的班级，起始阶段不妨发动学生和家长在网上找现成的童话剧剧本，稍作改编即可，重点指导学生在排练舞台剧的过程中积累沟通、协作的经验。同时，还可以采取演讲、角色装扮、故事会、辩论赛等多种形式来灵活展示学生的阅读成果。

三 活动反思与延伸

从三年级的改编现成的童话故事剧本到四年级自创剧本进行演绎，确实是一个大跨度，其间孩子们的协作和创造力得到了很好的锻炼。特别是有几个孩子，因剧情需要不仅在自己社团内一人饰演多个角色，还被邀请串演其他小组的角色。两个小主持也是临时受命，撰写主持稿，串词衔接过渡自然，现场表现精彩……一切都是自自然然地发生着。展演结束，家长在本班公众号（"春华秋实活力四班"）总结本次活动（2019年5月5日发布）时，开篇就这样写道：

"自去年年底，咱们活力四班以小社团形式进行了一场别开生面的舞台剧表演。今年的4月30日，即五一放假前夕，同学们再一次以名人传记系列为主题成功举行了舞台剧表演活动，本次活动分别展示了霍金、牛顿、爱因斯坦、比尔·盖茨、居里夫人、爱迪生等六位名人的生平故事。时隔半年左右，同学们的表演可圈可点，无论是台词功力、表演的流畅性、肢体语言的生动性、剧情衔接的连贯性等方面都有许多令人惊喜的进步。"

回想这个阶段小组共读、共创、共演的活动历程，我们会发现有以下几点值得发扬和进一步挖掘：

第一，复合型小组功能需要复合型活动来呈现。复合型小组阅读很重视后期以小组为单位的阅读成果展示活动，这是在常规阅读交流后"终结定性评价"基础上的"升维"机制，即从个体阅读和协作性阅读"升级"为团队学习成果展示。目的是通过各类延伸性活动开展，比如笔者常用的辩论赛、舞台剧等形式，以高阶活动目标引导学生练习如何通过共同努力完成一项"集体性成果展示"、遇到困难如何共同克服、存有不同意见时如何化解等。

第二，重视复盘式评价导向。对于小组阅读成果展示活动，考核也以"团队整体"为单位，侧重全体组员的参与度、集体性成果的创意表达等层面。成果展示不为分出高下三等，而是共同寻找不同小组的最大特色和亮点。当然，各组的展示效果自然会有差异，引导学生参与复盘式反思重构，让各组差异变成新的学习资源，引导学生反思、总结、重构等。通过这样的一次次复盘，学生无论是交往能力还是思维品质都能得到相应提升。

第三，重视小组共同体建设。在项目式或主题式小组阅读活动的开展中，教师在关注阅读活动本身的质量的同时，要兼顾好小组组织建设，比如每个孩子在小组内的责任担当和内部沟通、协调能力的发展等。工作中，教师还可以从以下这些方面去促进学生在群体交往中学会交往：

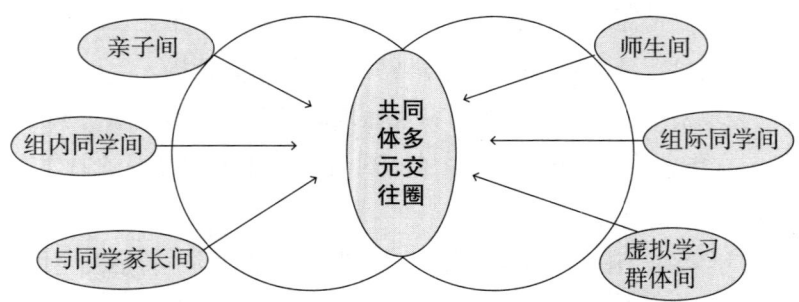

从阅读小组到学习共同体，搭建各种平台，促进学生间的交往，保持小组内部的凝聚力，激发小组的创造力，激活小组作为自组织的内生力，便于小组共同体文化的形成。

（王怀玉）

第三章

校级常规活动"微创新"

主题一：新学年，新自我
——9月入学教育

一　活动策划背景

9月，是新学年的开端，对于所有孩子而言都具有特别的意义，特别是对于迈入小学一年级的孩子，意味着他们将开启一段全新的生活。学校通常在这个月会有相应的系列常规活动，诸如教室环境布置与评比、教师节尊师教育、入学安全教育等。落实好这些常规活动，班级一般都能走上正轨，但如果在活动中不加以探索和创新，班级可能朝着平淡无奇的方向发展，甚至会留下一些发展阻碍。

因此，接手一个新班的班主任，在落实学校常规活动的同时，为使自己不至于陷入纯事务性工作，有效的做法是将"价值引领"与入学常规活动有机结合起来，既很好地落实了学校常规要求，又能在新学期伊始抓住教育契机，针对性开展系列"起点"式活动，引导学生一起制定班级发展规划，凝聚人心，鼓舞士气。以下以一年级新生入学教育为典型案例来阐述我们的思路。

二　活动流程设计与实施

第一阶段：做好规划，打造班级新风貌

对一年级小朋友而言，9月意义非凡。由于小学与幼儿园的学校生活要求差异较大，9月班级工作重点是和家长积极配合，做好幼小衔接工作，引导学生度过入学适应期。做好这个工作需要分步走，第一步就是要帮助学生在开学后的第一周尽快熟悉在校生活要求，想办法让孩子们从老师那里得到安全感，同学之间初步建立起良好的关系，使孩子们感受到新学校和一年级新生活的美好，从而为新的学习生活打下良好的情感基础和习惯基础。

1. 愿景先行，家校携手

一年级（起始班级）9月的工作，除了在班级内部对学生进行常规习惯养成之外，与家长积极沟通，取得家长的支持也很重要。在做好发放开学须知、学校公告等事务性告知的同时，我们还可以通过开学前发放问卷星，让家长填写家庭的基本情况，孩子的兴趣、特长、健康状况等信息。班主任在了解这些基础信息的基础上，有针对性地拟定一份班级愿景书，更有利于在开学初就向家长传递教育价值和班级定位。

班级愿景书一般包括这三方面的内容：（1）介绍班主任及科任老师的工作能力，让家长相信班级教师配备的实力；（2）阐明带班育人的理念和思路，获得家长对班级工作的支持和认同；（3）明确家长需要配合班主任做好的事项，帮助家长顺利实现教育角色的转变。

2. 初见有序，熟悉校园

一年级新生熟悉校园是一项很重要的工作。开学第一天，可在新生到班级报到后，及时组织学生熟悉校园。为了此项工作做得有序而有效，可以遵照以下流程：

1	提前熟悉每个学生的名字，制作座位名字牌和可挂在脖子上的名字挂牌，以便于学生都进入教室后相互认识。还可以给学生准备礼物，这样可以缓解学生的紧张焦虑，也可以融洽师生关系，让学生更快地接受老师并愿意亲近老师。准备的礼物可以是绘本故事，或者拥抱、小文具等，做到有心、用心。
2	按照高矮顺序，分男女生排好队伍，并让每个孩子记住自己的序号，然后把序号写在名字挂牌上。多训练几次排队，正式开学后的排队就不会手忙脚乱。
3	报到当天，就根据队伍的高矮顺序排好座位，固定好每个学生的座位名字牌。
4	精心设计一条参观校园的路线，将与一年级小朋友息息相关的功能室等介绍清楚。以教室为原点，带领学生参观，相机解说，并在标志性场所来一张集体合影。

续表

5	在学校特色功能区参观时，则可以准备相关活动视频，引导学生观看，唤起对新学校的热爱以及对特色活动的向往；重点介绍教师办公室、洗手间、操场等场所，相机教给学生校园生活礼仪。
6	建好班级群，每天在群里发布班级照片，这也是满足家长所需。

以上安排帮助学生认识老师、了解了校园概貌，消除了学生对陌生环境的不安全感，还促成了学生之间、班主任和学生之间的交往互动，可谓一举多得。

3. 流程指导，初建班约

开学第一周是班主任带着学生一起打造班级面貌的好时机，借助这个活动，班主任可以了解每个学生的性格和所长，也能培养学生们班级小主人的意识。为此，可开展以下特色活动：（1）开展各类标识趣味设计，比如一起给班级取一个可爱的班名，面向孩子们征集班徽、早读提示牌、午间休息提示牌、班牌，制作后摆放在相应位置，在对应的时间点使用相应提示牌，减少老师的"唠叨"。（2）各类上课口令游戏化。约定俗成的班级口令，有利于学生在游戏中遵守规章制度。（3）重点抓课前准备，教给学生做事程序（详见下图）。

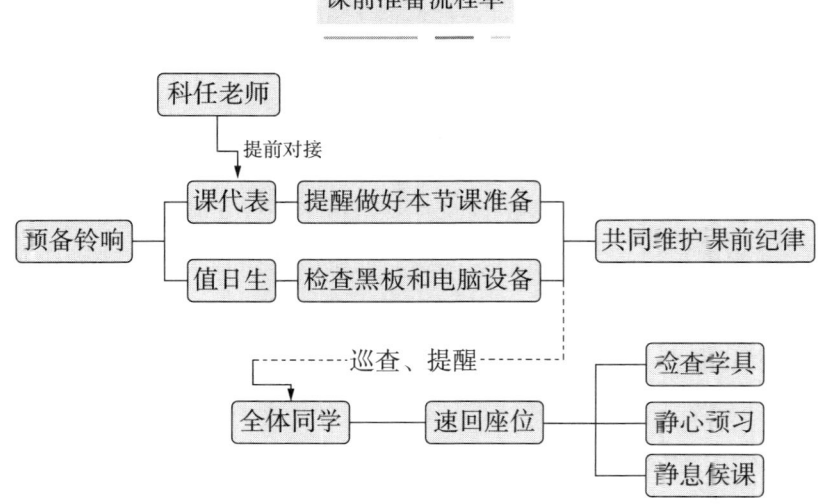

【实操小贴士】学期初班主任组织学生熟悉学校、班级常规是现阶段的核心工作。以上以一年级新生入学为例，在做好常规工作的时候，更注重班级年段实际，还可以组织学生回顾暑期生活、畅想新学期个人和班级（小组）计划等激发学生对新学期的向往，培育班级凝聚力。

第二阶段：注重常规，形成班级秩序

9月，除了做好学生的收心工作、帮助学生熟悉校园生活以外，还要重视班级整体秩序感的建立。如果是起始年级（小学一年级、初一、高一），学生面对的是一所新学校和一个新班级，9月的常规教育就需要更加细致、全面，从学生对新学校和新班级的适应性维度全面关注，指导学生尽快适应新学期生活，建立起新班级的秩序感。

仍以小学一年级为例，如何较快形成班级秩序？在开学第一周校园生活流程建立之后，就要通过班级规则的制定和引导落实，让学生尽快适应校园新生活。

为此，笔者以"班级生活有规章，人人都要遵守它"为教育主题，开展系列教育小活动。具体做法如下：

1. 共制班规，引导行为

一个班级要形成良好的发展态势，学生要养成良好的行为习惯，离不开班规的正向引导。特别是面对一群懵懂无知的一年级新生，班主任有必要以班规代替重复的训导。笔者在带一年级新生班制定班规时，进行了如下创新：在制定班规前，对学生渗透了集体生活的民主概念。正如李镇西老师所言，"行动上，少数服从多数；精神上，多数尊重少数"，制定班规前需要让学生明白何为"民主"。制定班规时，先给孩子们读了几本绘本，如《大卫上学去》《规则》等，让学生们说说我们在班级能做什么，不能做什么，初步列出班级目前最需要的几条。根据一年级学生的年龄特点，班规语言需要浅白，也可以是儿歌式语言，条目不宜过多。

笔者在教室讲台的一侧墙面上设置了一个"班规区"，粘贴了一张大卡纸，当班级出现有教育意义的事件时，引导孩子们根据该事件折射出来的教训或经验讨论出班规，书写"上墙"；班规要具体、细致、简洁，着眼于学

生的长远发展，让学生明确知道什么该做，什么不该做，什么应该用尽全力去做，什么应该适可而止地去做。班规制定后，笔者发起了班规"宣传"行动，带领学生诵读，结合具体班级事务进行解读等，并制定了相应的积分表，定期进行表彰，让学生真正理解班规，进而践行班规。

2. 学礼尊师，内化于心

9月10日教师节，学校都会开展尊师的活动。在参与学校统一安排的庆祝教师节活动之外，班主任可以借鉴以下创意：（1）将庆祝活动与教室环境布置结合起来，比如人人制作心意卡或庆祝教师节小报，张贴在教室后黑板上，让学生为环境布置出一份力。（2）将课堂开始的问好，变成"祝老师节日快乐，我们爱您"或者集体朗诵一首诗。（3）集体创作一首对老师表达爱的小诗，班主任进行图文编辑后，打印发给每位科任老师。（4）开展一次"学古代拜师礼仪，说古人尊师故事"的主题班会课，邀请班级科任老师参加，利用视频让孩子学一学古代弟子拜师的礼仪，并现学现用。让学生讲一讲自己准备的古人尊师故事，顺势引导学生传承古人的尊师传统。

除了教师节这个特殊时间点的尊师仪式之外，班主任更要重视引导学生尊重科任老师，学会礼貌而主动地和老师打招呼，乐于帮老师做一件力所能及的事情等。

3. 明确职责，方法指导

班级建成后，选拔班干部也是一项重要的工作。一年级新生班主任在班干部选拔方面，可以采取先任命，后续调换的方式，根据自己在开学一个月观察到的学生表现，指定一些学生担任班干部。如果这些学生基本能胜任，那么班干部的队伍就固定了下来，如果有个别学生明显做不好，就再调换。这样的常规方式，对新入学的一年级而言，有现实意义。但为了让一年级同学对班干部岗位有新认识，将班干部作为一种榜样要求自己，同时激发学生积极参与到班级管理职责中来，笔者认为通过对不同岗位职责的具体讨论，对小班干部及某些方面表现好的同学进行及时鼓励性评价，引导同学们依照班干部标准去要求自己，是一年级班干部岗位初期培育的有效方法。

（1）设置岗位，明确职责。根据班级事务，设置管理岗位，如班长、学习委员、体育委员、卫生委员、课代表等。在初期任命后，指导他们学会承担职责，及时给予肯定，并在班级进行表彰，激发自信，指导他们更好地开展工作。工作中有意识地给管理岗位配备"小助手"，发现更多具有管理潜质的同学，为今后正式选举工作做准备。

（2）为了吸引更多学生参与班级事务，针对管理图书、门窗、黑板等多种服务岗位，班主任可以把岗位一览表（包括岗位名称、人数、职责）打印出来，张贴在班级公告栏，引导学生理解每项工作职责，再由学生自觉申报，班主任根据人数和申报意向排班，使学生轮流担任。

（3）9月底，要对第一轮小班干们进行全面、正向的总结表彰。除了常见的喜报、红花之外，班主任还可以通过拍照、视频等展示学生的日常精彩表现，发布在家长群里，让孩子家长也同样感受到孩子在班级得到的认可。

【实操小贴士】这一阶段以"班级生活有规章，人人都要遵守它"为主题，一系列的活动适宜在开学第二周逐一展开，需要注意的是，各项活动都需要在尊重孩子的参与意愿的基础之上，不可强制要求，以渗透为主。对于班干部选拔，一年级初始也可以轮值班干部和常任班干部并行，给每个孩子机会，发现班干部潜力人选，同时也让学生和家长感受到老师眼里有每个孩子。

第三阶段：展开评比，加强日常管理

经过上述两个阶段，班级工作进入了有声有色的"火热期"，如何让学生对新班级的热情持续下去，把初步形成的良好秩序保持下去，巩固前期工作的"成果"，是摆在班主任面前的新挑战。这个挑战的突破口就在找到日常管理的"密钥"。

对于日常管理的"法宝"，见仁见智。笔者从自己的工作经验中得出来的答案是"班级评比"。笔者以"班级生活靠大家，个个都是小主人"为主题，开展系列小活动，实现两个目标：（1）以劳动课的技能学习为切入口，带领学生掌握班级生活所需要的各项技能要领；（2）以培养管理岗班干部为切入口，利用班干部进行班级自主管理的大胆尝试。具体做法如下：

1. 指导技能，跟进实践

对刚入学的一年级孩子来说，班级的一些日常小劳动，如值日、分发作

业、管理图书、个人物品管理等，都需要手把手指导。实践中不妨这样做：

（1）在每周一次的劳动课上，开展劳动技能的现场施教，学生进行技能训练学做值日。同时对班级卫生工作进行模块分工，指导小组内任务分工，引导孩子按照老师、家长教的方法主动积极做教室卫生。

（2）出台个人物品管理要求，定期检查指导，督促养成习惯，帮助孩子自觉按老师要求自我检查，保管好个人物品等。

初级阶段，班主任需要每天跟进，除了适时点拨指导外，观察出哪些小组哪些个人做得出色，进行展示和表扬，并聘请优秀个人作为"技术指导"。

2. 多种评价，指向发展

9月常规工作重点是环境卫生、班级秩序和班干部培养，属于"形象架构"阶段。这些工作都要通过多种形式的小评比，比如随时奖励和一周一评比相结合、个人评价和小组评价相结合、口头表扬和标识鼓励相结合，将要求化为积极评价导向，发挥榜样力量，加强学生热爱学校和班级、主动遵守校规班纪的积极心理定向建设。

笔者在这个方面有如下两个尝试：（1）开学一个月后，召开班级"进步表彰大会"暨新学期第一次家长会，将观察和记录下来的学生进步点滴展示给家长们，让孩子们获得成长的愉悦，促进家校合作的良性循环；（2）利用每周班会课，让孩子们自由上台进行发言，以"我一周的变化"来分享自己上一周的进步，老师和同学可以客观地评价和提建议。

这两种比较温和的评价方式有利于形成班级自由民主的氛围，在这个过程中，学生和家长都能形成应对后续复杂学业评价的心理力量。

【实操小贴士】以上活动可根据班级实际灵活安排时间开展，在9月四周工作中机动穿插组织。结合常规评价，侧重对上述几项活动中表现好的同学提出表扬，发现班级好现象。

三 活动反思与延伸

以上是以一年级这个起始班级为典型案例，阐述如何在完成学校常态的入学阶段性工作的过程中，更好地体现出"育人"意识和"发展"意识。因为一年级的特殊性，有些工作具有不可复制性。其他非起始年级的班级，无论是中途接班，还是连续跟班，经历了一个暑假，9月入学教育及各项工作精细化都是必要的。只是在落实这些常规工作时，需要从建设"理想班级"入手去做规划，需要在了解学生、研究班情的基础上，将提交学校的班级工作计划"变"为班级发展规划，建立起与家长沟通的常态机制，为后续家校共育做好铺垫。

（王　琼　王怀玉）

主题二：少年强，则国强
——国庆节庆典主题教育活动

一　活动策划背景

一个国家、一个民族的崛起，离不开精神力量的支撑。青少年是国家的未来，是民族崛起的希望。列宁说，爱国是千百年来巩固起来的对自己祖国的一种最深厚的感情。国庆节是祖国母亲的生日，其精神内涵不言而喻。因此，国庆节是进行爱国主义教育的好时机。国庆节庆祝活动因为年年有，容易变得程式化而达不到真正的教育目的。如何根据学校总体安排，体现班级在这个特殊节日里的教育特色？笔者做了如下思考和定位：

（1）常规现状分析：学校作为教书育人之地，在国庆节期间会举行一系列适合学生的庆祝活动，如唱国歌、手抄报评比、绘画展、征文比赛等，以这些活动为载体营造浓厚的节日氛围，以此祝福祖国，抒发爱国情感。这是学校层面比较普适的德育活动，对于一个班级或者学生个体来说，未必是最合适的。最初，学生会有新鲜感，然而年复一年，学生逐渐失去兴趣，变成了为完成任务而参与活动，偏离了活动本义。

（2）创新突破性目标：将班级国庆庆祝活动与班级特色文化结合起来。笔者结合"东方之美，从心智造"这一班级文化之魂，通过开发串珠、泥塑等手工课程，将美育与德育融合，以美润德，创造美传递爱。本次国庆庆典系列活动拟与班级手工特色课程及书法等特色活动结合起来，将班级国庆庆祝活动与日常生活链接起来。

笔者以"少年强，则国强"为主题，开展了不同维度的爱国教育创意活动,让每一位学生最大限度地深度参与,获得更深的爱国情感体验。

二 活动流程设计与实施

第一阶段:准备策划

在前期准备阶段,笔者从主题的拟定就开始引导全体学生积极参与进来,充分发挥其主观能动性,既突出国庆主题,也突出深圳的地域特色,既兼顾学校要求,又尽显班级文化,彰显学生风采。学生以小组为单位进行了热烈的讨论,大家各抒己见、集思广益,各组纷纷亮出"金点子"。经过讨论,从列举的十多条建议中,最终投票选取了三大类:

(1)环境布置类:举行以"喜迎祖国华诞"为主题的书法、绘画、手抄报和小制作比赛,并用于布置本次的主题教室,门窗、墙壁上展示书法、绘画、手抄报作品,天花板、书架上展示小手工作品。

(2)主题班会类:举行以"发现深圳爱国元素"为主题的分享,学生利用周末时间,和家人、同学一起寻找深圳各个场所、不同单位的爱国元素,并在早读或课前进行三分钟交流展示。

(3)歌舞表演类:排练以"赤子对母亲的赞歌"为主题的歌舞,国庆节前以才艺展的方式汇报。

【实操小贴士】从学生成长规律出发,他们的独立意识、成人意识开始萌芽并日益增强,渴望自由、独立,渴望得到老师的赞赏和同学的肯定,渴望通过参加活动来证明自身的能力。所以,给学生充分的自主权,放手让学生自己策划设计。经过自主策划,本次活动确定了三大类,每一类相应成立一个策划小组,有核心组长,每人必须参加其中一组,根据需要可以适当邀请另外小组的同学加入。教师在其中加以必要的引导,注重班集体在学生成长中的重要作用,充分发挥人与人之间的相互影响,提高学生集体生活的质量,把教师的主导作用和学生的主体地位科学地统一起来。

第二阶段：组织实施

1. 聚焦主题，创作作品

（1）语文课指导创作书法作品。笔者所带班级是公认的写字特色班。这源于笔者自身的特长及一直以来对学生的引领和指导。班级不仅注重日常的书写练习，同时每学期都举行不同主题的书法比赛，这已经成为班级的一个品牌活动，是学生乐于展示自己、相互交流的平台。

在这次国庆主题活动策划中，全班讨论决定把书法比赛作为其中的一个部分，更重要的是，经过讨论筛选，确定书写内容是毛主席诗词——《沁园春·雪》《七律·长征》，以及学生自己创作的《沁园春》。既饮水思源，表达对主席的敬仰之情，领略主席博大的胸襟和恢弘的志向，又以书言志，写好中国文字，传承中国文化，展示中国少年风采。

（2）社团课组织制作手工作品。笔者带了几年的手工社团，根据学生的不同年龄段，不同学生的喜好，指导学生创作传统文化类、科技类、生活类、艺术类各种小手工作品，鼓励学生创新，让每个学生在创作中都能找到自我，以不同的内容载体让他们得到锻炼、提升。本次活动聚焦爱国主题，以选择创作内容的不同自愿组成小组，共同开发、制作，如：剪纸小组剪长城、天安门等代表性建筑以及伟人头像；编结小组编制各种中国结；科技小组设计制作各种军事武器模型。

2. 班会筹划，爱国许愿

小组开展调查研究活动，走进社区，走访街坊邻居、年长者，向他们了解过去的、以往的吃穿住行，比对今夕，感悟变化，用照片、视频或文字等方式记录，在班会课上进行交流分享。戴上红领巾去寻找身边的国旗，向国旗敬礼，和国旗合影，展示出大美深圳、大美中国的风采。立下为国出力的志愿，把最想为祖国做的事写下来，收藏在许愿瓶里。

3. 展示准备，把控协调

歌舞一直以来都是抒发情感很好的载体，而且能营造浓重的欢庆氛围。笔者班级的合唱在每年学校艺术节中都很出色，这极大地增强了学生的自信心，他们特别期待有更多的展示机会。本组学生就所选曲目进行了征集、讨论，并与其他组合作，升级了呈现方式。

（1）合唱《南方有座山》，这是深圳市南山区在庆祝改革开放40周年之际创作推出的时代歌曲，作为南山少年，以此来抒发情感再合适不过。本组同学不仅用领唱、小组唱等形式表现，并且调查研究组的同学携手，将采访的照片、视频和合唱一起制作成了MV，在主题班会上播放，展示出深圳少年爱家乡、爱祖国的自豪感。

（2）表演手语操《国家》。"一玉口中国，一瓦顶成家，都说国很大，其实一个家；一心装满国，一手撑起家，家是最小国，国是千万家……"这首歌的歌词表达出对祖国的深厚情感，再加上手语，更淋漓尽致地抒发出爱国情怀。本组同学邀请全班同学和老师参加，请音乐老师和家长协助指导。他们到网上找资源，下载手语舞视频加以改编，利用音乐课、社团活动时间以及课间进行集体或小组排练。

在各组的准备中，教师整体把控协调，跟进准备进度，及时点拨引导学生突出深圳本土资源，深化体验和认知，各组活动逐渐上升维度。

【实操小贴士】笔者班级有强大的家委会，本次主题活动中，家长们积极配合，提供资源，参与到多维度的班级教育教学活动之中，助力成长。学生在自主策划开展活动时，相互的交流碰撞会产生很多新想法、新创意，老师和家长则相机给予支持鼓励，让创意变成现实，增强学生的幸福感体验，提高其自尊心和满足感。

第三阶段：总结展示

1. 作品展示，创意评奖

国庆节前一周进入预热阶段，本小组同学开始展示张贴书法作品，摆放手工作品。邀请邻班师生前来欣赏，用评价树的方式收集到了琳琅满目的鼓励语。

本次主题的书法比赛是常规书法比赛的升级版，评出清雅秀媚奖、行云流水奖、大气舒展奖、潇洒俊秀奖、规范整洁奖、独具风格奖。本次主题的手工作品展也是班本课程的一次阶段性展示，评出了脑洞大开奖、惟妙惟肖奖、心灵手巧奖、美轮美奂奖。全班学生均获奖，大家相互欣赏、相互启发，体验传承之美、创新之乐，体验到了成就感和自豪感。

2 才艺展示，深化体验

经过了一个多月的精心准备，国庆节前一天，主题班会如期开展，全班师生和家长汇聚一堂，欢庆祖国母亲的生日。主持人开场后，先播放了调查组和才艺展示组合制的MV《南方有座山》，不仅呈现了这两组一个月的成果，同时感染了所有人的情绪，这是作为深圳人特有的共鸣；接着环境布置组对书法和手工作品进行介绍解说，并宣布各种奖项，由老师和家长为学生颁奖；然后，由才艺展示组带领大家一起表演手语操《国家》，把本次主题活动的节奏推到最高点。

本次迎国庆主题活动，激发了学生的主动性，同时也让学生的能动性得以极大的发挥，让爱国主义教育更立体，体验性更强。

【实操小贴士】爱国主义不是一节简单的班会课就能达到效果的，通过这样一系列学生深入参与的主题小活动，让学生增强了情感体验。实施时需要注意根据本班学生和当地爱国相关主题资源的开发，把爱国情怀转化为实际行动和日常操守。

三 活动反思与延伸

这样一个活动序列让学校常规活动变成了班本特色活动。回顾整个活动，达到了预期效果，其中还有一些意外的收获。学生在活动中，完全发挥主体性，多维度参与，在分组、分享、共创的交叉参与中，增强了体验，个性得到张扬，能力得到提升，突破了过去爱国主义教育的空洞与说教。

主题系列活动历时近一个月，还将继续延伸，国庆节假期观看阅兵式以及《大国崛起》《建国大业》等影视，继续激发学生对祖国的认同感和自豪感，把家国情怀的信念根植心中，真正意识到"少年强，则国强"，从而立下为国家努力学习的志向。

（杨淑萍）

主题三：青春飞扬，叱咤赛场

——精彩纷呈的运动会

一 活动策划背景

运动会是所有学校一年一度的常规校级活动，一般会在 11 月召开。从活动性质层面讲，是学校体育特色最好的体现，有助于彰显校风班貌；从活动内涵上看，不仅能促进学生发展和心灵内省，还能促进教师共同协作和家校融合。创新运动会内容能够将常规的校级活动变成学生发展的节点性特色活动。班主任可以通过运动会展示班级风貌，打造班级文化；体育教师可以通过运动会培养学生的运动兴趣，检验体育教学效果；家长可以通过运动会了解孩子所在班级的情况，发掘孩子的运动潜能。

（1）常规现状分析：传统运动会以竞技比赛为核心，特色运动会一改以往的形式，积极创新比赛模式，包含入场式、团体项目、竞技项目、亲子项目、特色体育社团展示等环节。其中，团体项目提升学生对体育的兴趣，让学生体会集体凝聚力；亲子项目让家长和学生共同感受体育的快乐，增强亲子关系；特色体育展示让学生感受体育运动的多样性，使其更加积极地参与其中。在运动会前期，通过校领导统筹规划、体育组的动员，各班开始进入准备状态，班主任化身为班级入场式总导演、各班运动员主教练以及赛会保障人员。丰富多彩的运动会活动体现出学校在特色体育创建上教师和学生所做的努力。

（2）创新突破性目标：学校利用运动会，展示校级或班级特色运动，打造精品特色体育。以笔者所在学校为例，学生生源以非深户为主，学生接触高端运动的机会较少。为了使学生能够感受到各类体育项目的魅力，激发学生的运动热情，学校面向全体学生开设了棒球、帆船、网球、国际象棋等特色体育项目。希望通过学校的努力，让这些来深建设者们的孩子也能享受到优质的体育项目训练，让家长们切实感受到来了就是深圳人，感受教育的公平。多样化体育运动能够开拓学生的视野，让更多的学生享受体育的魅力。

二 活动流程设计与实施

第一阶段：准备策划

1. 制订方案，展现特色

校级领导统筹学校体育特色发展，体育组制订学校体育活动方案，主管行政通过行政会商议活动方案，体育组根据指导意见完成方案后报校级领导审核，通过后在全校实施。社团的开设分水平段，基于学生身心发展水平，选择适合学生年龄段的运动项目，创新运动项目形式。体育组、班主任、学生指导中心协同工作。通过自主选择的方式，学生在校公众号中选取喜爱的运动社团。

（1）常规选择项目：足球、篮球、排球、羽毛球、乒乓球、武术。

（2）特色体育社团：

水平一（一、二年级）：健美操、跳绳、跳棋。

水平二（三、四年级）：棒球、网球、国际象棋。

水平三（五、六年级）：帆船、高尔夫、围棋。

2. 各司其职，专项训练

体育老师、外聘教练组成教练团队，定时定量完成练习，部分社团周末和假期加训。

体育课由体育老师分年级段任教，在完成体育课程标准规定的教学目标的基础上，根据自己的特长开设社团，发挥专业优势，开发校本课程。

阳光体育由体育老师指挥，班主任和副班主任协助开展，各班分区域准时在操场参与运动，保证学生每天运动一小时。体育老师各司其职，社团活动有条不紊地开展。

学校聘请专业教练进行特色项目的教学。社团的开设需要精心的筹备。以三、四年级的棒球为例：首先动员宣传，鼓励学生踊跃报名，组织学生参加选拔，邀请参选队员家长一起参加棒球社团成立会，使家长了解棒球并支持学生参与其中。然后根据学校特色，定制带有学校logo（标志）的专业装备，创建体育特色文化。最后确定详细训练计划和目标，保证特色社团活动顺利开展。

学校开放四点半课堂，学生根据特色社团项目规定的时间参加社团。社团的时间安排集中在16:30—17:30，学生指导中心和体育科组合理安排场地，一场多用，保证资源最优化。班主任协助学生准时到达指定场地，校外聘请教练提前到校并在学生指导中心处进行登记，学生指导中心对社团统一进行管理和监督，确保教学质量。

【实操小贴士】各学校的体育特色不同，定位也不同。学校可以根据本校运动设施、体育教师专业分布和学校发展理念来制定学校的特色发展策略，大力整合资源，集中力量打造特色体育，避免千篇一律，展示运动风采。通过运动会的舞台，让学校特色大放异彩，班级文化绚丽多彩。

第二阶段：训练实施

1. 运动会前期准备

体育老师协助选拔运动员，打造班级最强阵容。班主任设计班级入场式方阵，展示班级文化。家长参与运动会班级队伍，协助班主任的工作。三年级某班刘同学的妈妈是退伍女兵，班主任邀请其作为队伍入场式指挥，帮助训练方阵。在运动会展示中，整齐的步伐和响亮的口号，让全场眼前一亮。同年级的陈同学，从小学习轮滑，在运动会入场式中，班主任请她打头阵，用精彩的轮滑表演引领队伍前进，获得阵阵掌声。

可以利用特长生的优势，带领学生训练。六年级张同学作为校篮球队主力，在区篮球比赛中带领校队获得了不错的成绩。班主任聘请张同学为班级篮球教练，在课外带领学生们进行篮球练习，教授其擅长的技术动作，在全班掀起了一股篮球风。由于该班篮球氛围浓厚，所以在运动会时将篮球表演作为队伍的主旋律，展示班级篮球风采。

2. 入场式风采展示

特长生擂台赛：特长生足球、篮球比赛，特长生围棋、国际象棋比赛，特长生跑步比赛等。

校外教练所带的特色社团展示：棒球队风采展示、太极队太极风韵展示、高尔夫球队推杆展示等。

风格各异的班级代表队展示：民俗风代表队、动漫人物代表队、街舞少年代表队、海军代表队、灌篮高手代表队、武林小高手代表队等。

各班代表队展示不同风格的方阵，展示不一样的班级文化。校运动社团展示运动风采，将赛场变成舞台，各种高端运动项目的亮相，让学生耳目一新，激发了大家的运动兴趣。比赛现场精彩纷呈，运动员勇往直前，啦啦队加油声此起彼伏。团体项目全班参与，人人都是运动员，全班都是啦啦队，共同为班级争分添彩。亲子项目一大一小团结协作，用亲情迸发出最大的力量。改变传统运动会唯竞技的模式，将运动会打造成体育盛事，项目多样、活动丰富，让更多的学生参与其中，享受运动的乐趣。

3. 创意奖品奖项

比赛结束后，为学生制定体育成长档案，将学生获得的荣誉列入加分项，让学生看到自己的进步，记录体育学习成果。增加奖品和奖项的设置，奖励学生带有学校 logo 的运动器材和校标等纪念品。

颁奖时邀请家长一起参与，见证学生的荣耀时刻。制定各班荣誉墙，将运动达人的精彩表现，用照片的形式展示在各班中。同时利用学校 LED 大屏，播放比赛集锦，展示学生的拼搏风采。学校建设体育文化长廊，展示学生精彩的体育故事和运动风采集锦，打造学校体育文化。

【实操小贴士】此环节是运动会的重要环节，为学生的童年留下浓墨重彩的一笔。班主任和体育老师可以利用运动会的成绩对班级进行荣誉感和合作意识的培养，培养学生们胜不骄、败不馁的精神和团队合作、顽强拼搏的品质。尤其是要通过运动会发掘学生的闪光点，通过体育培养学生的自信心，为学习注入新的内驱力。

第三阶段：总结完善

1. 体育组进行总结

学生的学习效果在运动会中得到展示，为下一阶段的学习提供了动力。运动会结束后体育组教师和外聘教练要及时进行总结，共同发现特长生，为学生提供更好的运动项目选择。

体育组教师和外聘教练加强与家长之间的沟通，及时了解学生的身体和心理状态，制订科学的训练计划，更加注重体育的育人目的，而不是纯粹的技能发展。

2. 班级进行总结

运动会与班风之间的关系在于，二者能够相辅相成，相互促进，相互影响。一方面，班风好的班级在运动会上能够展示出凝聚力强、团结奋进的精神风貌；另一方面，运动会成绩优异又可以帮助班级增长士气，提升班风班貌。

（1）在运动会上获得了团体第一的班级，班主任通过与学生回顾成功经验，让学生感受到团结的力量。同时，通过这次运动会，班主任的威信得以巩固，班级班规更加有说服力，班级小干部们更有公信力，班级日常运动计划得到更好的执行，达到一举多得的效果。

（2）在运动会上成绩不理想的班级，班主任要积极与体育老师沟通，分析失利的原因。经过共同商讨，班级可成立班级运动队，体育老师担任技术指导，家长担任助教，力争在下次运动会中斩获佳绩。

【实操小贴士】总结＋反思＝经验。运动会涉及的各部门要重视总结，在活动中发现问题、分析问题、解决问题，将这一次的小问题变为下次活动的闪光点，积累经验，为精彩纷呈的运动会保驾护航。

三 活动反思与延伸

通过运动会和特色体育，学生和家长都有了自己的收获。对学生而言，他们感知到运动的乐趣，对体育运动有了更深的理解。学生们在运动赛场上展示自我，挥洒汗水，尽全力为班级争夺每一份荣誉，这种拼搏的精神增强了他们的班级荣誉感和凝聚力，同时也提升了学生在体育学习上的自我效能感，在日后的学校体育环节中会更加自信。对家长来说，他们兴致高涨，主动充当助教、副导演等角色，增强家校合作。

学生的身心发展存在差异性，个别学生在学习上较为吃力，但非常热爱运动，针对这部分学生，可以尝试通过体育运动让学生找到自信，然后把对运动的专注力迁移到学习上。世界上没有完全相同的两片树叶。通过体育老师的启蒙，班主任老师的鼓舞，自己的身体力行，每一位学生都能够找到自己喜爱的体育运动，发展出独特的体育技能，他们将对自己的独特性和自我价值感产生更加深刻的认识，从而更加全面地了解和评价自我，提升自我效能感。

在以后的体育课程开发中，我们还可以思考将民族传统项目融入运动会中，在活动中加入传统体育运动，如踢毽子、滚铁环、舞龙舞狮等，增加活动的形式，丰富比赛的内容，在体育运动的同时，传承和发扬民族传统文化。

运动会结束后，组织学生针对各自在运动会上所承担角色的不同表现，进行全面总结，思考在接下来的班级常规工作中，可以设计哪些相对应的活动，保持运动的连续性，并在实施过程中不断发现、创新活动的价值。道阻且长，行则将至。学生身心发展需要教师、家长和社会形成合力，共同为学生创造良好的运动环境，帮助学生养成运动习惯，培养学生终身运动的意识。

（贾俊辉）

主题四:"网络春晚",我嗨我秀
——班级"网络春晚"主题活动

一 活动策划背景

当寒假遇上春节,学生的生活和内心会有哪些不一样的情愫呢?春节,中华民族最隆重的节日。在过去,一桌热腾腾的团圆饭,家家户户贴窗花、贴对联,一起燃放烟花爆竹等浓浓的年味成为一代代中国人的成长记忆。然而,近年来随着互联网的发展,物质生活的丰盈,孩子们对春节的期待减少,寒假"宅家"写作业成为主要生活模式,寒假和春节之于孩子成长的特殊意义大打折扣。

(1)常规现状分析:寒假成为生活节奏越来越快的成年人最忙碌的一段时光。因此,学生的寒假生活单调、乏味者居多,同学间互动偏少。学生的生活方式单一,亲子互动不够,缺乏教育价值的开发。

(2)创新突破性目标:笔者作为一名音乐老师,在寒假里重视班级以文本、图像、音频、视频等多种新媒介为载体,鼓励同学们利用假期时间培养多种爱好,提升自己的内涵与修养,如歌唱、器乐、舞蹈、书法、绘画、戏曲、表演等。并且通过线上分享、线下组队等方式,发掘"互联网+寒假"的线上互动优势,促进学生群体间的交往。本文主要介绍班级通过"互联网+班级春晚"的主题模式,将寒假作业变为寒假作品,在增进学生之间情感的同时,营造和谐、团结的气氛,达到互相交流激励的目的,还让师生沟通更密切,家校合作更紧密,也让老师、家长、学生彼此的心贴得更近。

二 活动流程设计与实施

第一阶段：前期策划

1. 动员家长，赢得支持

班级任何活动都需要家长们的积极支持，因此笔者在家长群召开了在寒假举办班级"网络春晚"的说明会，就活动目的、活动流程、活动意义等方面向家长进行了详细汇报。

首次遇到这样的寒假作业，家长们在听取了报告之后一致支持班主任开展这样有意义的寒假活动，并从家长角度提出了意见和建议。

2. 班级推广，共创节目

（1）看央视春晚，了解春晚形式。

利用音乐课的时间，全班同学一起观看了历年春晚的精品节目。通过提问，引导学生发现春晚节目的亮点。邀请部分积极的学生上台模仿并做出评价，从而启发学生寻找到优化自己节目的方法。

央视春晚节目类型				
类　别	主　导	表演者	亮　点	代表作
歌舞类节目	主旋律歌曲	观众比较熟悉和喜爱的明星	风格各异、极具地方色彩	《孔雀舞》
语言类节目	相声、小品	观众比较熟悉的相声、小品演员	网络上的流行词语、笑话	《妙趣网生》
戏曲类节目	京剧、黄梅戏等	戏曲界大咖	节奏慢、唱词念白不易懂	《梨园闹新春》

（2）网络策划，商定节目。

基于班级节目报名比例不均匀的情况，笔者班级召开了一次班级网络春晚的策划会。按照春晚的方式，策划会上选出了导演组成员，分别为班主任、家委代表、家长代表、学生代表，以及2男2女共4名主持人。

由于报名已经提前完成，导演组用抽签的方式安排节目顺序。根据班级已经报名的节目单，按照班级实际情况重新分类，并且对不同节目类型进行了一些修改，将重名重创意的节目进行了整合，部分节目提前剧透有彩蛋。

最终拍板定下来的节目共 13 个，涉及歌舞、特长展示、小品、相声、戏曲、魔术杂技等类别，然后把最多同学报名的歌舞类节目，又更加细致地分为儿歌联唱、戏曲联唱、流行歌曲联唱、特色歌曲联唱。

【实操小贴士】组织主题晚会的顺序应该是：策划组在确定主题后，先提出主题要求，根据节目总时长确定好节目顺序，然后选定参加相关节目的人员，各参演人员再根据节目要求进行编写、排演。

第二阶段：活动实施

全媒体时代的融合提高了学生的审美趣味，很多节目运用了更加高级的搞笑技巧。对于本次班级"网络春晚"，导演组确定了节目提前把关的要求，期待像央视春晚一样，每一名演员都能说出一字不错的台词、表情和语调精准到位，每一个节目都准时完成，给全班同学带来不一样的新鲜感。

1. 节目导演组细化流程

负责节目总流程的导演组准备了问卷调查，搜集了同学们的假期时间安排表之后，决定 13 个节目采用录播的方式提前准备。导演组首先制定出班级春晚的节目流程时间表：正式放假后第一周排练节目，将节目发送到指定邮箱；第二周收到导演组反馈的意见和建议后，进一步完善自己的节目，并将拍摄好的节目录像在腊月二十八之前发到指定邮箱。

2. 外援教师组适度介入

戏剧小组的演员们表演的节目是儿童京剧《蛐蛐和蝈蝈》，他们在尝试学习京剧的第一天，就开始寻找指导学习京剧的师父了。

笔者引导戏剧小组的演员们向音乐老师发出了导师邀请函。在专业老师的指导下，学生们认真观看了一位经常穿粉红色长袍的京剧女老生王珮瑜在《吐槽大会》《跨界歌王》等热门综艺的精彩演出，成功勾起了戏剧小组成员们探索京剧的兴趣。很快，戏剧小组有模有样地进入节目编排的状态。

在排练的过程中，除了分角色扮演、练习不同唱腔之外，更是加入了"现代京剧知多少"的现场抢答环节。

3. 家委导师组修改文案

为增强学生的语言表达能力，提高学生的综合素质，本次班级春晚的节目串词全部都由班级主持人小组负责。准备初期，在家委导师组的帮助下，小主持人们很快调整好自己的心态，分别与自己负责的节目的负责人进行沟通，设计出来的节目串词和现场环节别具一格。

4. 节目主持人组展现风采

大年初五晚上 8 点在班级直播间，随着主持人的开场词，班级春晚正式开始。轮到相声节目《找爸爸》时，因为网络问题视频一直都不能播出。主持人小组立刻打开了备用暖场稿，在直播间中现场采访，邀请同学们参加趣味答题，一直坚持到视频正常播放为止。

【实操小贴士】节目导演组需要积极发挥引领作用，在整个排练过程中，制订一套规范合理的指导方案，从故事情节、台词、正能量等多方面给出意见建议。尽量避免使用网络上的流行语言，争取多一些学生自发的创意和想法。

如何策划做一套节目？首先要有一个贯穿始终的主题，给看节目的观众以完整的感觉。编排顺序很重要，如果先想节目，就只能凭感觉在节目表中找个位置插进去。不管如何安排，最终目标是使每个节目都为统一的主题服务，这样办出来的晚会才更完整，也更容易让大家记住。

第三阶段：总结展评

开学后，我们召开了班级"网络春晚"总结汇报班会。参与班会的还有 13 个节目的家长导师、指导老师。本次班会总结了举办班级"网络春晚"过程中体验到的成功和困难。

1. 奖项自定

节目类别	奖项名称
唱歌类节目	"我是歌手""格莱美"奖
器乐类节目	"小金钟"奖
戏曲类节目	"梨园之光"奖
舞蹈类节目	"小荷花"奖
相声类节目	"牡丹"奖

节目自评，班级第一次尝试了"我的奖项我做主"，学生们为自己设计的奖项都是国内外这个节目类别最具含金量的奖项。

2. 获奖感言

笔者在学生发言之前，设计了探究启发的思路，要求学生分三个环节组织自己的评价发言。

第一步	评价自己	我觉得有趣的是……让我最满意的一点是……
第二步	同伴帮助	遇到困难……的时候，是……帮助了我
第三步	总结部分	现在我觉得……，或者仍在困扰我的是……

在这样的提示下，学生提前做了准备，在班会发言的环节听其他同学的自我性评价过程中，会发现原来每一个人在学习过程中都会遇到自己解决不了的问题。

3. 家长评价

这次活动形式新颖，拉近了学生、老师、家长之间的距离。家长代表们在发言中说到，自己的孩子经常为了自己的节目忙到很晚，不仅不喊累，还乐此不疲。他们看见了孩子们在活动中增长了自己的见识，希望这学期可以开展更多这样有特点的班级活动。

因为这次活动，他们看到同学们身上的变化，看到同学们学会了面对困难和挫折，树立了正确的价值观和高尚的审美情趣。这些改变都是积极健康、乐观向上的。

【实操小贴士】在每一次的活动评价中，除了获奖成绩之外，更值得关注的是学习的过程，这也是学生们渴望能够被别人发现和评价的。评价要突出学生的主体地位，在班会发言的环节中，帮助学生找到一些成功的因素，引导学生能够坦然面对自己现在还没有解决的困难，寻找出可以解决的方案并加以完善。

三 活动反思与延伸

班级"网络春晚"活动有效促进了全体学生参与班级活动的积极性，给学生营造了一种良好的互相学习氛围。在活动过程中，教师与学生之间实现了进一步沟通与交流。学生用擅长的方式展示自己的特长、弘扬自己的个性，有助于老师发现并培养班级的艺术骨干学生。在节目形式和内容上，我们充分尊重了学生的自主选择，活动结束后还可以引导学生逐步发现自己的特长爱好，成立兴趣组或小社团。在内容梯度上，可以进行序列性设计，形成品牌，体现班级特色。

（汤舒婷）

主题五：我的假期，我来策划
——以小学高年级学生自主策划假期活动为例

一 活动策划背景

寒暑假对于学生而言，是成长生活中的一段特殊旅程。当前，很多中小学生的寒暑假，不是在培训班里度过，就是在网络世界里"蹉跎"。

（1）常规现状分析：一方面，由于家长监管缺位，大部分学生处于没有寒假生活自主权或不会合理使用自主权的状态当中。另一方面，家庭和学校仅有的联系可能是寒假作业。老师是作业的布置者，家长是监督者，学生是完成者，三者割裂对立，学生容易产生抵触心理，被动完成作业。这样的寒假作业忽视了学生与同学、家庭、社会的联系，学生感受不到假期的快乐，也得不到有效的锻炼。

（2）创新突破性目标：笔者所带的五年级学生，有一定的自我策划和组织能力。本次寒假，我们期待通过学生组团策划假日生活社会实践活动，让学生重新思考寒假的意义，给自己布置更具成长意义的寒假作业。家校联动，引导学生主动参与。我们从学生立场出发，让自主策划的寒假作业变成联结家庭、学校与社会，连接学科知识与生活的桥梁，让学生在实践中感受到学习和成长的快乐，促进学生各项能力的发展。同时，提升班级凝聚力，生成家校共建向心力。

二 活动流程设计与实施

第一阶段：准备策划

1. 调研摸底，了解需求

首先，笔者在执教的五（4）班发起了问卷调查，通过问卷调查了解学生对寒假生活的看法及打算。问卷显示大部分学生假期安排了各类培训班的学习，其中只有9个孩子没有参加任何培训班。学生觉得假期最烦恼的事情是"一个人在家""无事可干"和"上培训班"。所有学生都愿意或不排斥自主策划自己的寒假作业，其中50%的学生希望策划社会实践活动。有9名家长愿意成为社会实践活动的指导家长。

2. 班会动员，自主策划

（1）聚焦目的，初步组队。

问卷调查过后，我们召开了"我的寒假我做主"启动班会，公布问卷调查结果，让学生通过个别发言、四人小组讨论等方式，说说自己希望策划怎样的寒假实践作业，让有相同或相似想法的孩子组成一个小组。

（2）教授方法，放手策划。

老师教授学生绘制发散性思维导图，引导各个小组通过思维导图写下策划设想，策划内容包含活动内容、时间、地点、人员、注意事项等要素。

（3）展示策划，再次组队。

讨论过后，各小组利用思维导图向全班展示策划，其他小组或还没有加入任何一个小组的同学认真倾听，提出疑问或补充，最后学生再一次选择心仪的小组加入。自主组队激发了同学们策划寒假作业的热情，其中参加油角小组的同学最多，因为年关临近，家家户户都需要制作或购买新年特色小吃，这个活动既能学做传统小吃，又能一饱馋福，所以大受欢迎。此外，对联小组、关爱孤寡老人小组、年俗采访小组、飞花令小组等几个小组也人气颇高。

（4）及时引导，纵深规划。

组队成功后，老师和指导家长对各小组进行关键问题提问，如提问关爱孤寡老人小组慰问资金从哪里来，该小组的同学想到了与油角小组、对联小组合作，义卖油角和对联。在老师的建议下，采访小组也加入其中。最后，四个小组合并成"暖冬天使"项目组。小组及对应分工如下：

油角小组	对联小组	慰问小组	采访小组
1. 制作油角； 2. 打包定价； 3. 销售油角。	1. 书写对联； 2. 销售对联。	1. 购买物品； 2. 慰问孤寡老人。	1. 采访记录； 2. 制作视频。

班会后，"暖冬天使"项目组根据班会上同学们提出的问题，在家长和老师的指导下制作策划表格，继续细化策划方案。细化后的活动方案明确了活动流程和人员安排，注意事项更加详尽，学生学会了更全面细致地考虑问题。另外，同学们还在策划书里增加了"可预见的困难及应对措施""成果展示方式""拟申请的奖项"三个计划项，为活动的推进和后期的展评奠定了基础。

3. 班会推进，完善方案

填写策划表格后，我们班邀请指导家长一起参加"我的寒假我做主"节点班会。首先，"暖冬天使"项目组的组长们进行PPT展示并讲解活动方案。然后，老师组织指导家长和全班同学对策划方案提出建议或问题，大家都很踊跃，对筹集材料费、选活动场地、物品定价、活动宣传等都提出了疑问。老师和指导家长也及时介入，协助项目组对问题和建议进行了梳理和提炼。激烈的思维碰撞产生了许多智慧火花，例如：明确活动意义，合理定价，拒绝砍价；义卖物品可以增加一些年俗用品，比如红包等。"暖冬天使"项目组和其他小组都从这次班会中受到启发，进一步完善活动方案。

4. 微信接龙，发起活动

寒假伊始，"暖冬天使"项目组在指导家长们的帮助下撰写了活动宣传书，并制作成宣传展板，还将照片发到家长群，让所有家长了解活动的意义和内容，然后发起报名接龙，最终共吸引了32名同学和30名家长义工参加活动，并组建了才艺募捐小组。义卖开始之前，整个项目组的成员都积极向身边的亲朋好友们做广泛宣传，家长们则利用微信等电子平台积极为孩子的实践活动做宣传，班级家委会也通过校家委会向全校家长推送信息，大力宣传。

【实操小贴士】节点班会前，教师要了解展示小组的准备，想好学生展示时应该呈现哪些基本环节。班会课上，教师要引导学生关注策划关键点，比如项目可行性、质量保证、售卖地点、流程分工等，让学生进行更全面的考虑。教师要及时介入，引导学生总结提炼、反思重建。

第二阶段：活动实施

1. 实地踩点，准备物资

为了解决义卖场地和摆摊物资问题，项目组决定去寻找居委会帮忙，最终获得金菊居委会的支持。项目组的几位组长在家长协助下进行了活动的前期准备：先到义卖地点观察哪个时间段的人流量较多，接着又到居委会盘点桌椅、宣传栏、音箱等物资。各个小组也开始了准备工作。"暖冬天使"项目组具体工作流程如下表所示：

油角小组	对联小组	慰问小组	才艺募捐小组	采访小组
1. 了解材料清单； 2. 垫付费用，购买材料； 3. 制作油角； 4. 学习销售技巧。	1. 市场踩点，货比三家； 2. 采购红包和对联纸； 3. 学习销售技巧。	1. 向社工了解孤寡老人的基本情况； 2. 拟定慰问品采购清单。	1. 招募表演者，拟定节目单； 2. 培训主持人； 3. 准备音响等物资。	1. 准备采访稿； 2. 准备摄像机。

2. 分工合作，有序推进

义卖当天，才艺募捐小组负责演出募捐；其他同学则都化身为售货员；家长义工及居委会义工则提供后勤保障工作。

同学们灵活分工，一部分同学在档口销售，另外有小部分分散到广场中去销售。在一次又一次地尝试后，越来越多的孩子成功将产品推销了出去。同时，才艺募捐小组吸引了路人的围观，大家纷纷献出爱心捐款。采访小组也适时地录制相关采访和报道。

3. 家长助力，灵活销售

为了招揽顾客，同学们用吆喝的办法来吸引顾客，但并没有产生很好的效果。相反的是带货外出的同学回来补货的频率越来越高，于是守摊的学生也想外出销售。出发前，老师和家长引导学生进行分组，并为每个小组配备一名家长。随着几支队伍的"出征",售货的速度不断提高。

不到半天,项目组已经取得比较好的"业绩",但其间总有学生跑回来找零钱,守摊的家长觉得这样太浪费时间,鼓励学生想办法解决问题,后来有孩子想到用二维码收款,于是收费的效率也大大提高了。

推销过程中,有些顾客拒绝学生的介绍,学生十分沮丧,随队的指导家长及时介入,说明情况,请求顾客给孩子一个锻炼的机会,购买与否没有关系。有些顾客听完学生的讲解便改变主意,有些顾客则未改变主意,我们的家长和老师及时提醒孩子要表现出礼貌和谅解。

【实操小贴士】讨论分工的时候学生并没有大局观念,大多只能想到销售东西,对前期的准备、中间的突发事件和活动结束后的工作并没有考虑到位。所以需要让学生在脑海中模拟义卖当天的整个流程,做到"事事清晰,责任到人",这样才能保证活动的顺利开展。在指导学生解决问题的过程中,教师和家长应当鼓励学生自主思考,及时抓住育人契机,让学生在实践中学会做人做事。

第三阶段:总结展评

1. 线上总结,捕获成长

活动结束后,我们以自我申报奖项、集体表彰的方式进行总结。首先,由学生个人申报奖项,如销售明星奖、小书法家奖、才艺天使奖、礼貌之星等,并准备与奖项相关的展示汇报材料,可以是美篇,可以是活动小视频,也可以是图文并茂的活动总结等。

接着,班级成立评选委员会,由学生干部、家委代表和科任老师组成。约定线上会议时间和方式,由学生展示,全班同学投票,评选委员会仲裁决议,最后评出获奖名单。

线上评比会议结束后,再进行反思性总结提升。总结方式可以是学生提交书面感言或语音视频等,分享在班级群,促进大家相互学习。

2. 班级汇报,多元评议

新学期伊始,我们召开了"我的寒假我做主"总结班会,为孩子搭建作业展示平台。"暖冬天使"项目组和其他项目组分组进行汇报总结,汇报小组借助 PPT 或视频进行讲解，然后回答同学们和评委们的提问。汇报完毕后由科任老师、家长代表、同年级其他班的学生代表组成的评委团进行投票。最终"暖冬天使"项目组票数最高，获得"寒假生活非凡意义奖"。

3. 学校评优，公开表彰

学期初，教导处主任向全校介绍我们班的快乐寒假作业，并请校长亲自为获奖小组、学生个人及家长颁奖，这既肯定了学生们的成长，也鼓励了更多同学主动参与寒假生活的策划。

4. 家校联动，广泛宣传

学期初评价结束后，我们及时召开了家长会，对我们班第一次寒假实践作业做出了总结，及时给予每一个孩子和家长肯定与鼓励，把活动中孩子们的成长放大，让家长们意识到自己的孩子能够通过组团的方式策划自己的寒假作业，将知识与实践结合起来，获得更多的锻炼机会。这为下一次假期实践作业打下了家校联动的基础。

笔者希望这样的寒假作业能够让更多学生受益，所以广泛发动宣传学生、家长撰写的活动美篇，让更多教育者和家长看到这样的实践作业隐藏的丰富的育人资源。同时，我们的活动记录也印发在学校的家校合作手册上，为其他班级的寒暑假作业变革提供了案例。

【实操小贴士】活动总结和评奖环节需要把握的原则是，评奖是为了更好地促进学生自我总结和反思的能力，营造同学之间相互学习和欣赏的氛围，而不是简单地评判下结论。因此，在评价的过程中，除了导向性的规定性奖项之外，通过设置自主申报奖项，让每个学生挖掘自己在这次活动中的闪光点，让每个参与者都得到独特的肯定。

三 活动反思与延伸

学生组团策划社会实践活动基于学生的需求，以学生为主体，让学生实现了"我的寒假我做主"的愿望。同时，我们在变革寒假作业的过程中努力理清实践作业与常规作业之间的关系，在实践当中做好学科融通，有目的地引导学生在实践中运用知识解决问题，既满足了学生自主策划作业的意愿，也达到了作业的效果。

　　变革后的寒假作业变得更具育人价值，它使学生的学不限于学习一项技能，还与他人、与社会建立了更加多维的联系，从中获得锻炼能力的机会。经历了此次寒假作业变革，学生对寒假作业、对学习和生活的认识有了不一样的解读。一方面，学生在快乐实践中慢慢爱上"作业"和"学习"；另一方面，学生的自我意识和自主能力都得到了提升，在班级生活中也展示了更有活力的一面——同学们积极主动为班级建设出谋划策，部分领导能力比较强的孩子开始崭露头角，主动发现问题、解决问题的能力在不断提升。

　　纵观本次寒假实践作业，我认为还有不少问题值得进一步思考与探索。比如：实践作业中的学科融通如何更加系统有效，以期充分实现"快乐＋作业"的效果？在快乐作业的开发中，我们如何更好地借助科任老师、家长和社会的资源与力量？……

（唐玉佳）

主题六：新年派对，自筹资金
——班级财商系列活动之寒假创意展销会

一 活动策划背景

财商是认识、创造和管理金钱的能力。财商不是理财，不是赚钱，财商教育的目的是培养孩子正确的金钱观、价值观和社会责任感。

（1）常规现状分析：传统的教育领域里，多侧重于对学生"德智体美劳"等方面的培养，极少对学生进行财商方面的系统教育。而提到财商教育，人们会不自觉与金钱挂钩，对财商教育的理解存在片面化和刻板化。随着我国经济与金融的发展，在教育领域也出现了财商教育的需求。青少年财商教育不仅要使青少年正确认识和驾驭金钱，更要促其树立正确的消费观、人生观，培养社会责任感。

（2）创新突破性目标：近年来，社会和学校都积极通过各种方式对学生进行财商教育，以此培养学生合理的金钱观和消费观。以笔者所在的学校为例，上个学期笔者所带的二年级"苹果中队"开始探索财经素养教育。机缘巧合，二年级上学期数学课本有一个单元的内容是"学习人民币"，以此为契机，笔者开始结合财商知识进行学科融通，开展了班级系列活动——用智慧创造财富。孩子们以小队为单位探究了"人民币的奥秘"，又阅读了"财商绘本"，设计了"花小钱，过大年"的寒假作业，关于"钱"和财商的知识在潜移默化中影响和熏陶着他们。

二　活动流程设计与实施

第一阶段：活动策划

1. 头脑风暴，问卷调查

本次活动始于班级学生想组织"新年派对"的愿望，笔者继而发问：开新年派对的钱从何而来呢？有人提议：我们可以自己挣钱啊！笔者抓住了这个契机，和孩子们一起启动了"我为新年派对筹资金"的系列活动。

如何来筹集派对资金呢？笔者引导学生组成两个调查小组解决这个问题。第一调查小组制作调查问卷对全班同学进行调研，第二调查小组则通过访谈的形式询问同学与家长的建议。班会课上，两个调查小组汇报了他们的调查结果，60%的同学和家长建议进行义卖活动，30%的同学认为可以启用班费，只有10%的同学选择直接向家长要钱。遵从少数服从多数的原则，最终同学们决定以义卖活动的形式筹集资金。在班主任的引导下，义卖活动的流程初步定为：筹集物品—选择场地—销售物品—总结颁奖。

"我为新年派对筹资金"系列活动班级问卷

亲爱的同学们，为了真实了解同学们对筹集资金方式的建议，让我们的活动顺利开展，请认真完成此份调查问卷，欢迎大家积极发表意见。谢谢配合。

1. 你会参与"我为新年派对筹资金"这个活动吗？（　　）
 　A. 会　　B. 不会　　C. 还不清楚
2. 你以前参与过此类活动吗？（　　）
 　A. 有　　B. 没有
3. 你认为可以如何来筹集资金呢？（　　）
 　A. 启用班费　　B. 义卖活动　　C. 直接向家长要钱
4. 除了以上选项，你还有其他建议吗？＿＿＿＿＿＿

"我为新年派对筹资金"系列活动访谈问题

1. 请问你以前参与过此类活动吗？他们是怎么做的？
2. 请问你期待从这个活动中提升什么能力？
3. 请问你认为可以用何种方式来筹集活动资金？

---

2. 分工合作，制订计划

在确定活动流程之后，笔者指导学生合理分工、制订小组计划，学生经过讨论交流确定了活动分组：筹集物品、销售物品、后勤工作和财务记录。我们在班会课上通过自荐和推荐的方式选出了四个项目组的组长。为了充分发挥学生的活动主体性，笔者让学生以小队为单位根据能力和兴趣自主选择项目组，四个项目组顺利诞生，它们分别是：筹备组、销售组、后勤组和财务组。各项目组成员及分工如下表所示：

项目组	组　长	项目组成员	人员分工
筹备组	陈炫芝	阳光小队 先锋小队	1. 确定筹备物品种类，动员同学准备物品：阳光小队。 2. 收集全班同学的物品：先锋小队。 3. 物品定价：陈炫芝、汪泽赜。
销售组	陈誉嘉	智慧小队 圆梦小队	1. 讨论销售策略：智慧小队为主，圆梦小队辅助。 2. 现场叫卖：陈誉嘉、罗志东。 　　舞蹈表演：赵翊辰、黄心怡、陈莹、刘可。 3. 书法作品区（对联、福字）：智慧小队。 4. 手工作品区（窗花、灯笼、中国结）：圆梦小队。
后勤组	曾思涵	雷霆小队 奋进小队	1. 选择、确定场地：雷霆小队。 2. 场地设计：奋进小队。 3. 搬运物资、打扫场地：雷霆、奋进小队。
财务组	刘懿广	彩虹小队 光明小队	1. 财务知识科普：刘懿广、李梦瑶。 2. 书法作品区收银、登记员：彩虹小队。 3. 手工作品区收银、登记员：光明小队。

【实操小贴士】低年级孩子进行此类户外综合活动，教师的前期介入指导是非常重要的，在活动策划阶段指导学生明确活动内容和任务分组，有利于帮助学生有序地实施活动内容。寒假是个特殊的节点，家长的参与也能使活动更加丰满和有意义，间接地激发家长对财商教育的重视，加强孩子财商意识的培养。

第二阶段：活动实施

1. 筹备物品，协商定价

如何筹备物品？筹备什么物品？这是筹备组遇到的难题。学生自主探索，寻找解决方案；班主任助力介入，引导思考方向；家委会出谋划策，助力孩子成长成才。

（1）小队协商，自主探索。

在"我为新年派对筹资金"系列活动启动会上，笔者引导学生分小队讨论交流，然后进行汇报。阳光小队提议：我们可以收集全班同学家里的二手商品进行义卖，这样就不需要成本了。可是有人质疑，这样的活动其他班级已经做过了，我们能不能做点不一样的呢？笔者很高兴学生有自己独特的思考，于是，启发他们：我们是不是可以自己制作一些特别的商品呢？请学生回家后再次咨询家长的建议。在班主任老师的引导下家委会用QQ开会讨论，同学和家长们各抒己见，经过了三番"华山论剑"，家长们很快达成共识：既然是寒假春节活动，那么孩子们可以自己制作新年物品，比如中国结、窗花、对联等，然后在社区举办"展销会"。

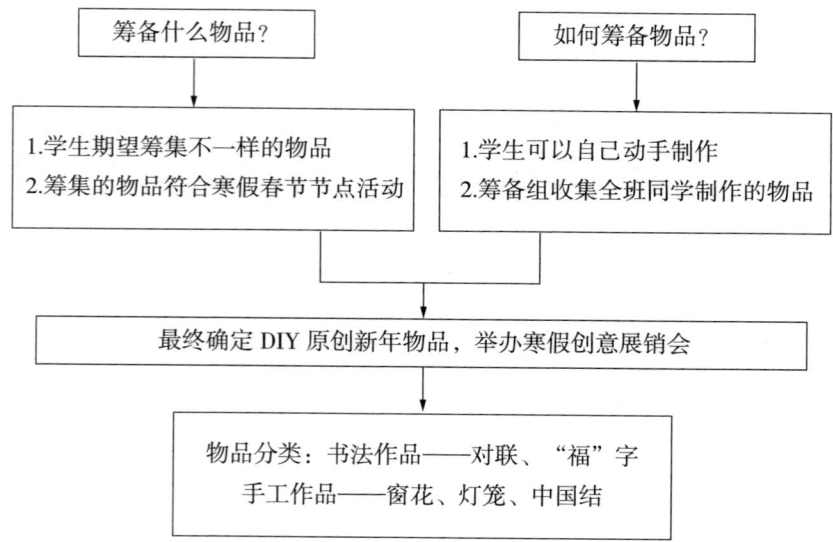

（2）学科融通，助力原创。

为了提升展销会的质量，笔者鼓励同学们要认真筹备物品，在必要的时候请求家长和老师的帮助。在获得老师同意之后，同学们利用美术课制作中国结、灯笼、剪窗花；利用书法课书写对联、写"福"字。在美术老师和书法老师的指导下，同学们DIY的作品各式各样，精美无比。

（3）激励创新，依物定价。

原创作品激发了学生创作的热情，但是对"手残党"是巨大挑战，怎样调动这部分同学的参与度呢？筹备组的同学找班主任支招，班主任建议以奖励的方式激励创新。最终筹备组成员自发设计了"创意章"发动各个小队长在小队中收集同学们的DIY原创新年物品，收集作品最多的小队和个人可以获得这枚奖章。然后根据同学们制作的物品的精美程度进行定价，物品大多是1元、2元。

鉴于"创意章"的灵感，其他项目组也自发设计了"精英章"（销售组）、"服务章"（后勤组）和"达人章"（财务组），用以鼓励项目组成员积极参与活动。活动过后，同学们可以自主申报奖项。

2. 尝试销售，挑战自我

放寒假前，同学们又举行了"寒假创意展销会"推进会，各个项目组组长就各自准备的方案进行汇报。其中，同学们最关注的就是销售方案，大家对场地问题、销售策略、如何讨价还价等进行了激烈的讨论。

（1）社区助力，选定场地。

寒假期间，销售组在家长和老师指导下进一步完善自己的销售方案。在家长的带动下，项目组前往社区工作站寻求帮助，最终社区工作站愿意为项目组提供展销会的场地和活动支持，活动地点定为玉律社区公园。

（2）创新策略，寻找渠道。

展销会如期而至，后勤组同学依照设计方案，将会场按照"书法作品区"和"手工作品区"进行布置。布置好会场后，展销会并没有想象中那么红火，销售组的同学也有些害羞，不知如何是好。参与现场活动的家委会坐不住了，大家都纷纷鼓励孩子们要勇敢一些，"小男子汉"罗忌东和陈誉嘉带头开始叫喊起来，这是他们之前设计的销售策略之一。在公园中四处走动的人群终于注意到了这群小家伙，并且围观起了这些"年味十足"的DIY原创新年物品。看到会场慢慢热闹起来，销售组的四个女孩也鼓起勇气，跳起了寒假期间在家里已经排练好的舞蹈节目，表演吸引了很多顾客。

（3）讨价还价，市场体验。

销售组的销售方案成功吸引来了很多顾客。"这个中国结多少钱呀？""1.5元一个。""有点贵……""不贵的，这些是同学亲手编织的。买一送一，买一个大的送一个小的。""那来一个吧。""收你5元，找你3.5元哈……"孩子们竟然在讨价还价中使用了"促销策略"，并将数学课本中学到的知识学以致用。

3. 记录收支，手绘报表

活动过后，财务组的同学们将销售出去的物品成本、售价、数量进行了统计。在此之前，学生对利润这个概念是比较模糊的，笔者利用线上班会课的方式给孩子们科普了收入、支出和利润等词汇的概念。由于学生处于二年级，还需要家长共同协助完成手绘财务报表。

【实操小贴士】学生以项目组的形式参与活动，有利于他们在活动过程中及时发现问题、讨论问题和解决问题，小队合作提高了活动的效率。学生在协商定价、估算、讨价还价的过程中加深了对"钱"的认识，将复杂的统计知识以趣味的方式植入了自身的数学知识体系当中。

第三阶段：总结完善

1. 总结分享

开学第一天，我们举行了期待已久的"新年派对"，并邀请了家长参与我们的活动，家委会用展销会挣的钱购买了"新年蛋糕"，全班同学开心庆祝新学期的到来。

庆祝会上，我们一起分享了这次活动的得与失，为下一次活动储备了经验。

销售组的同学准备了一个小品还原展销会的小片段，讲述了他们销售物品的心路历程：胆怯无助—勇于尝试—收获经验。组长表示，这是他们第一次卖东西，还有很多不足的地方，下一次还应该再想一些别的促销方法，例如现场写对联，或者是做一些特价展销品，就像超市里面做的活动一样。其他同学还为他们提了建议：下次活动前可以先进行宣传，吸引人流。

后勤组的同学表演了顺口溜，诙谐幽默。组长在总结的时候再次强调了后勤工作的重要性，同时，他也表示后勤工作非常累，刚开始有的同学会偷懒，自己跑去玩，没有想到别人，可是经过这次活动，组员明白凡事不能只想着自己，更要想到这个班集体。这个集体活动让他们更加团结，也更有责任感了。

财务组的同学自制PPT为同学科普了财务知识，短短的两周时间，他们通过咨询老师和家长，懂得了什么是收入，什么是成本，还学会了计算利润的方法。这次活动，新年物品的材料费一共花了51元，展销总收入一共是182元，总利润是131元。

物品分类	物品名称	物品单价	出售数量	成本	利润
书法作品	春节对联	2元	20副	10元	30元
	"福"字	1元	25张	5元	20元
手工作品	窗花	1元	28张	5元	22元
	灯笼	2元	22个	15元	29元
	中国结	1.5元	30个	15元	30元

大家纷纷感慨挣钱真是太不容易了，忙活了那么长时间才挣到131元。我引导学生思考：真正的财富是什么呢？有同学说，经过这次活动，我们要爱惜来之不易的财富，更要体谅我们的父母，不能乱花钱了。参加活动的家长也颇有感触：这样的活动不在于挣多少钱，而是教会了学生珍惜辛勤的劳动成果和珍爱美好的生活，这才是真正的人生财富。

2. 颁奖鼓励

"新年派对"的末尾，我们举行了隆重的颁奖仪式，以此鼓励孩子们收获了不一般的生活体验。根据前期的自主申请，阳光小队和智慧小队荣获"创新章"；奋进小队荣获"服务章"；圆梦小队荣获"精英章"；彩虹小队荣获"达人章"。家委会家长为获奖的同学颁授奖章，全班同学都为他们的精彩表现点赞。

三 活动反思与延伸

二年级的学生刚刚完成了小队建设，在小队建设的基础上进行项目组实践活动，这是大胆的尝试。值得欣慰的是，活动的效果超乎预期，孩子们的合作能力和解决问题的能力得到充分的锻炼，这样的活动也给不同能力的孩子搭建了展示的平台。让笔者印象深刻的是，平时班里几个"不受待见"的调皮学生也积极参与到活动当中，在小组中发挥了不可替代的作用。

回顾这次自我策划、自我组织、自我总结提炼且意义非凡的活动，笔者有以下几点思考：

1. 以财商系列活动为切入口进行学科融通

如何将班队活动进行学科融通呢？这是笔者之前进行班级建设时重点思考的方向。作为一位班主任，在二年级进行财商班级特色文化建设，笔者认为教学的切入口是非常重要的。财商知识系列活动可以与其他学科综合融通，提高学生的综合素养。

2. 以实践活动为媒介升华财商教育价值观

实践活动应该重视在成事中"成人"，活动只是孩子们展示能力生长的一个平台。孩子们以小队为单位进行的集体活动，充分锻炼了他们的综合素养。可是，能力的发展不能仅限于此，在活动的总结中应有重点引导，让他们体会挣钱的辛苦，珍惜劳动成果，从而树立合理的财商价值观，这才是活动的本质。

3. 以节日节点活动为契机延伸财商意识培养

本次活动是寒假节点活动，学生通过展销会为"新年派对"筹资，此活动家长全程参与其中，他们在活动中进行引导，也见证了孩子们的成长。因此，笔者设计了寒假创意展销会的后续活动——"我帮父母备年货"和"我的压岁钱我规划"两个亲子活动。父母可以基于日常生活的经验引导孩子货比三家，亲子合作制作购物清单，培养孩子们价值最大化的财商意识；而规划压岁钱侧重的是理财意识的培养。这样的节日节点活动增强了父母培养孩子财商教育的意识。

（张银珠）

主题七：存善举，取文明
——"爱心银行"之三月学雷锋活动

一 活动策划背景

每年的3月5日，是毛主席题词"向雷锋同志学习"的纪念日，所以"向雷锋叔叔学习"成为各地各学校和班级的常规德育主题活动，目的是要让学生学会感受爱，学会感恩，学会付出自己的爱。但是活动过程中，容易忽视学生的主体作用，未充分考虑学生身心发展的特点和品德形成的规律，也未能紧密结合学生的生活实际和时代的发展要求。

（1）常规现状分析：第一，活动只是特定日子的偶然行为，活动开展时一时热闹，活动结束马上烟消云散；第二，活动过于单调，每年的活动总是停留在"老三样"上，"学雷锋"成了拍照留底的程式化、应付式的活动。如今，志愿者活动是"雷锋精神"在当今时代最好的诠释，"来了就是深圳人，来了就做志愿者"的口号深入人心，深圳标准化、常态化的志愿者服务活动也为学校的公益教育提供了社会资源。

（2）创新突破性目标：基于上述背景分析，班主任要通过活动，让学生从一件件力所能及的小事当中，真正将公益精神根植于心，让阳光和善良成为学生人生的底色；让学校学雷锋的公益活动走向社会，成为深圳志愿者活动的一部分；让公益活动变得更有创意一些，更有意义一些，这样一来，对学生的吸引力就更强了，活动的价值也会倍增。

笔者在本班级开展了"爱心银行——储存爱心，收获善良"的学雷锋活动，以此增强学生的公益意识，让公益精神渗透到学生的日常生活中去。

二　活动流程设计与实施

第一阶段："爱心银行"活动启动

每年3月，全社会都会开展学雷锋的活动。如果说，学校和社会为学生的成长创造了宏观条件，那班级则是学生成长的微观环境。一个富有生命力和创造力的班级会在潜移默化中激励和影响学生。笔者班级开展的"爱心银行——储存爱心，收获善良"学雷锋活动流程如下：

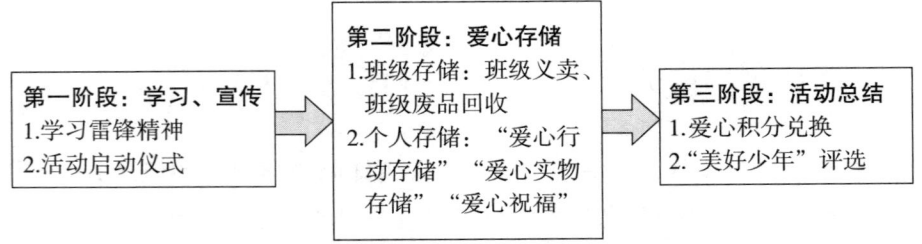

1. 学习雷锋精神

首先，通过"感受雷锋精神——雷锋故事我来讲"环节，让学生根据课前准备的资料讲讲雷锋的故事，并谈谈自己的感受。然后，通过"延续雷锋精神——雷锋传人我来找"环节，让同学们寻找身边的好人好事，寻找我们城市的公益志愿者。

2. 活动启动仪式

通过"践行雷锋精神——雷锋行动我来做"环节，引导学生用实际行动向雷锋叔叔学习，并启发学生从身边小事做起，立下做公益的志向。

3. 介绍规则与标准

"爱心银行"属于班级的虚拟银行，在班级 QQ 群建立一个班级群文件，同时也为每个学生建立一个群文件。孩子们可以把公益活动的照片、义工工作时长等活动凭证上传到"爱心银行"——群文件里。将凭证上传这一过程，我们称之为"班级存储"和"个人存储"。与之对应的是"班级存折"和"个人存折"，是用来记录积分的纸质记录表。"班级存折"张贴在班级公告栏里，"个人存折"下发给每个学生。每进行一次公益活动，就在"爱心存折"上盖一个印章作为积分，一定阶段后，所累积的积分可以兑换奖品。个人"爱心存折"上积分数排名前十的学生，可以获得该学期"美好少年"的称号。此活动由班主任负责，指派能干的班干部进行盖章和统计。

【实操小贴士】在学习、宣传阶段，让学生学习雷锋精神的同时，更要结合时代背景，明了"公益精神"是"雷锋精神"在当今时代最好的诠释，明白微公益并不是做一些轰轰烈烈的大事，而是坚持做一些力所能及的小事。另外，讲解清楚"爱心银行"的活动规则，提前建立群文件作为虚拟的"爱心银行"，印制好"爱心存折"等活动资料。

第二阶段：班级个人"爱心存储"

带着学生做公益，要让学生成为公益活动的主体，让学生在活动中发挥自己的主观能动性。从活动的选择，到方案的讨论、实施，应该放手让学生去操作，老师和家长只做引导者和帮助者。

1. 班级爱心存储

"爱心银行"的"班级爱心存储"，需要班集体来共同完成公益活动，使"班级爱心存储"账户"余额满满"。根据可操作性和能力锻炼等方面的考虑，定为义卖和废品回收两项活动。全班学生自由分组，每小组5～8人。每个小组任选一项活动进行设计，并在班上进行分享、讨论，根据班级情况进行修改。

义卖/废品回收活动卡	
组　名	
小组长	
记录员	
发言人	
活动内容	
活动要求	
活动过程	

班级集体组织义卖活动，首先是物品征集，班主任发动学生将自己的玩具、文具、书籍、手工作品等捐献出来进行义卖。班主任要对义卖的物品做好把关，指导定价，要求学生不能将手机、首饰等贵重物品或者低俗物品进行义卖。还要引导学生不要攀比，结合自己的实际情况，拿出有意义的、对其他人有帮助的闲置物品进行义卖，并且组织学生对义卖的物品进行登记。废品回收活动可培养学生勤俭节约的美德，引导学生对资源进行回收利用，变废为宝。

2. 个人爱心存储

培养学生的公益精神，不可能一蹴而就，而是需要有目的、有计划地长期引导，养成随时奉献社会和服务他人的品质。我们组织学雷锋公益活动，并不仅仅是为帮助有困难的群体，更要激发学生内心深处的善良和热情，能够更好地承担起社会赋予他们的责任。我们要引导学生从一点一滴的小事做起，并要一直坚持下去，最终集小流而汇江海。所以，我们的"爱心银行"，除了需要集体性质的"班级爱心存储"，还需要每个人的"个人爱心存储"，这样"爱心银行"才能拥有更多的能量，才能帮助更多的人。"个人爱心存储"账户主要接受以下三个方面的爱心储存：

（1）爱心行动存储：这里指的是具体做的好人好事，可以是身边的小事，如"捡起脚下的纸屑""公交让座"等，也可以是深圳市的志愿者服务，如"医院导医""爱心卖报""义务指路"等。同学们可以将现场照片或者义工工作时长卡存入"爱心银行"。

（2）爱心实物存储：同学们可以将自己的图书、衣物等闲置物品收集起来，作为班级义卖的物品，也可以联系社区的公益组织，帮忙捐献给需要帮助的人。班主任登记学生所捐献的物品，并拍照作为凭证存入"爱心银行"。

（3）爱心祝福：一句温暖的话语也会有无穷的力量。可以是节日对老师、同学、家长的祝福，可以是对敬老院、福利院老人小孩的祝福，也可以是对灾区、贫困地区人们的祝福……心中常怀善意，这就是最好的公益。学生们可以将贺卡、信件等拍照存入"爱心银行"。

在"爱心存储"活动中，学生们潜移默化地懂得付出爱，更能感悟爱。将爱心之举存入"爱心银行"，将积分填在"爱心存折"上，不仅让学生们真切感受到自己的劳动是有价值的，还能影响身边的人加入到献爱心做公益的队伍中来。

【实操小贴士】公益活动作为学校德育的一部分，并不只是学校的一家之责，它需要社会、家庭的共同努力。学生们的公益活动，除了学校和班主任给予支持外，还需要家长们的监督和引导，同时也需要社区提供活动场地、介绍志愿者服务等支持工作，这样才能使教育的效果最大化。

第三阶段：活动总结和分享成长

我们的教育要以学生为中心，衡量教育效果最好的标准，就是学生们的成长和变化。笔者班级注重为学生们的成长留痕，每一次活动后，都要有文字、图片的记录，还让学生分享心得感悟，保存学生的点滴进步和成长。

1. 布置照片墙

在班级文化布置中，设置专门的照片墙，将学生们在活动中的精彩瞬间展示出来，既是回顾，也是交流，同时也让这面墙继续发挥教育的作用。

2. 分享心得感悟

将学生的活动心得，或是家长的反馈等，在班级公众号等平台进行分享，让学生和家长们互相学习、分享成长。

3. 评选"美好少年"

学生在自己的日常生活中展现公益精神，争做"美好少年"。

4. 捐赠义卖款

将活动中的义卖款和捐款，以班级的名义定点捐献给受赠者，让学生感受到自己的爱心真正帮助到了别人。

通过这一活动，学生们的心中已播下了善良的种子。每一个人都参与其中，每个学生和家长都热情高涨，线上、线下讨论和交流，目的不只是让活动落实到位，更重要的是让学生在活动的过程中，走出狭小的自我，去到更广阔的天地，变得更自信、更阳光。

【实操小贴士】活动后分享心得感悟，为的是给学生们的成长留痕，但是值得注意的是，不要因此成为学生的负担，要做到教育不留痕，引导学生有感而发，愿意交流自己内心的想法；"美好少年"的称号，可作为一个学期或学年对班级乐于助人、奉献爱心、体现公益精神的学生的鼓励和嘉奖。

三 活动反思与延伸

通过"爱心银行"的活动，全班孩子献爱心做公益的热情高涨，懂得了节约，懂得了感恩，懂得了用实际行动表达爱。学雷锋做公益，不光是献出爱心帮助别人，更多的是打开孩子们封闭的内心。所以，我们的班级特色公益活动，注重给每个孩子成长的机会，让每个孩子都能从中汲取营养。很多孩子在活动中都收获了自信和快乐，正如一个孩子在日记中写的：今天我做了一件好事，我发现全世界都在对我微笑！

"爱心银行——储存爱心，收获善良"作为可以持续开展的班级特色活动，摒弃了"应时""应景"的形式主义，在一定程度上强化了学生的公益意识，锻炼了各方面的能力。当然，我们还可以进一步借助学校和社会的力量，使得学校的公益活动更加系统、连续、规范，让公益精神渗透到学生们的日常行为习惯中，让公益成为学生生活的一部分。如打造"公益实践"课程，根据不同年级学生的特点，循序渐进，从实践中感受公益的内涵。低年级的活动是从身边的小事做起，如"关心家人和同学"；中年级开始关注社会的公益问题，如"关爱社区空巢老人""如何做到低碳环保"；高年级则注重价值观和能力的培养，如"制订公益计划""如何做到尊重受助者"等。还可以搭建一个平台，让想参加公益活动的学生接受一定的引导和培训，让公益活动更有效果、更有价值。

（胡　芸）

主题八：清明节，话清明
——节气文化与班级建设主题活动

一 活动策划背景

二十四节气是中国农历中表示季节变迁的二十四个特定节令，对中国人的衣食住行和精神生活有着持久恒远的影响，是我们的宝贵精神财富。二十四节气中饱含多方面尚待深度开发的育人价值。我校围绕着二十四节气开展了"校园四季系列活动"——美丽春天节、缤纷夏天节、向上秋天节、温暖冬天节，以节气和节日为主题，引领孩子们有序地、有目的地开展班级活动，进一步拓宽孩子们的成长之路。

（1）常规现状分析：在所有的传统节日中，最具矛盾色彩的莫过于清明节了。"节假日、节日、节气"三合一。在清明节，人们可以将祭奠和出游合而为一，祭扫完毕后游春赏景，大快朵颐尽兴而归，丝毫不觉得有何不妥。但随着时代发展，清明节的一些传统习俗现在已过时或被遗忘了，只有一些核心的习俗保留了下来。在前期调查中发现，孩子们只知道在清明节需要扫墓祭拜，对其他的风俗习惯一概不知。所以每逢清明这样的传统节日，人们感觉无事可做，久而久之，传统节日便退化为普通的假日，失去了原有的意义。为了更好地让孩子们学习中国的传统文化，让民俗得以延续，四（1）班微笑中队在笔者的引导下开展了围绕清明节气的班队活动。

（2）创新突破性目标：笔者所在的班级，生源以来深建设者子女为主体，家长们平常忙于工作，孩子们除了日常的学习，鲜少有机会接触到传统文化，这也是导致孩子们对于传统文化缺乏认知的主要原因之一。为了让学生们能够学习到我国源远流长的传统文化，激发学生对于探索节气的热情，本班开展了多项探索节气的班队活动，希望通过班级以及学校的努力，让孩子们以及家长们重拾对于传统节日的重视，让传统文化以及民俗得以传承。

二 活动流程设计与实施

第一阶段：准备策划

在活动准备阶段，学生通过查找资料、制作手抄报、采访家人等活动，先对清明这个节气有了大致的了解，为确定小队活动主题奠定基础。

1. 查找资料，初识清明

清明是继春分后一个广为人知的节日、节气，因此，结合"校园四季系列活动"计划，本班探索清明的活动在寒假结束后就拉开了帷幕。学生通过网络、书籍和采访家长与老师等初步了解清明。查好资料后，同学们便着手筛选资料，并在班级里分享，在交互学习中更全面地了解清明。

2. 小队商议，确立主题

对清明有了初步了解后，孩子们有了许许多多的想法，但小队活动却迟迟未能进入主题。为此，我们召开了一次班队课《清明时节话清明·策划会》，将重心下移，把课堂的话语权交还给孩子，引导学生紧紧围绕着小队的主题进行讨论：该怎么样选择研究方向，又要怎么样呈现呢？孩子们的回答各有秋千，好像都有道理却又显得有些混乱；孩子们想要通过颂、吃、俗以及玩这四个方面来探索清明，却又不知如何开展活动。此时，班主任要做好指导者的角色，介入到他们的策划中，抽丝剥茧与他们一起分析问题，提出有针对性的建议，确立研究的方向与目的。各小队经过初步讨论后，确立了小队的活动方向以及内容。各小队具体活动主题以及活动目的如下表所示：

小 队	小队长	活动主题	活动目的
清明·颂	徐子悦	读古诗，懂典故	了解与清明相关的古诗
清明·吃	郑莹莹	做油炸馓子	了解地方特色清明食品

续表

小 队	小队长	活动主题	活动目的
清明·俗	庞宗尧	介绍清明习俗	了解并学习清明习俗
清明·玩	汪进铧	制作风筝	动手制作风筝，提高动手能力

随着活动主题的确立，孩子们有了探索的方向，并形成了以小队长为首的探索小分队。在小队长的引领下，队员们各司其职，一切仿佛在有条不紊地进行着。随着探索的不断推进，问题也逐渐暴露了。

【实操小贴士】在活动之初，通过班队课《清明时节话清明·策划会》，明确四个探索方向，由学生自主选择想要探索的方向，并推选出小队长以及副队长。教师要帮助各小队初步商议如何探索清明。

第二阶段：实施调整

确立了主题和目的之后，新的难题又来了。由于孩子们对于清明节气的知识储备不足，问题一浪接一浪地向孩子们袭来。

还记得清明·颂的小队长跟我说："老师，怎么办？我们有很多的诗词歌赋要告诉他们，难道我们要上一节诗歌赏析课？"而看似最有趣的清明·玩小队，遇到的问题却是最大的，小队长还萌生了想要辞职的念头。为了解决他们的小苦恼，我们召开了第二次班队课《清明时节话清明·问题解决会》，将各小队在探索的过程中所遇到的问题罗列出来，再借助全班同学的力量解决，真正做到重心下移，权力下放，让孩子们在探索节气的过程中成长。

通过两次班队课，各小队把核心的问题基本解决了，都在摩拳擦掌地准备大干一场。各小队的具体活动如下：

小队名称	活动目标	活动内容	期待达成的活动效果
清明·颂	向同学们传播与清明相关的诗词歌赋	1. 汇总并制作《清明辞赋》。 2. 每天利用晨会时间（7:50—8:00）向全班同学介绍两首与清明相关的古诗。 3. 制作海报宣传即将举行的活动。 4. 利用午练时间分别举行朗诵大赛和背诵大赛。	从活动中感受到了传统文化的无穷魅力，加深了对二十四节气文化的理解。

续表

小队名称	活动目标	活动内容	期待达成的活动效果
清明·吃	探索与清明相关的传统食物	1.通过网络,搜索并了解清明的传统食物。 2.经过多次探讨和咨询,最终决定制作具有代表性的清明食品:馓子。 3.学习并在家长的指导下,完成馓子的制作,解决制作馓子需要的材料、制作方法、制作地点、制作难度等方面的问题,形成团队凝聚力。 4.制作美食,并与同学们一起分享。	通过学习、了解传统美食,加深对我国传统文化的理解,并借由美食向同学们传播文化。
清明·俗	探索与清明相关的传统习俗	1.通过线上祭祀的方式,缅怀革命先烈。 2.将小队按地区分成不同的小组,通过网络搜查、询问长辈等探索清明习俗。 3.经过队内多次讨论,最终决定通过表演的方式,让传统的习俗再现,生动形象地将他们的探索成果分享给同学们。	通过表演的形式将习俗重现在同学们面前,让同学们更加直观地学习中国传统习俗。
清明·玩	探索与清明相关的传统玩乐	1.通过网络资料,初步了解清明的传统玩乐有什么。 2.将"风筝"定为小队主题。 3.讨论并确定制作风筝的材料、时间、地点。	将学习寓于玩乐中,并将中国传统的制作手艺继续传承下去。

各小队的活动既普及了与清明相关的节气、节日知识,又加强了孩子们的小队协作能力,使得班级凝聚力更上一层楼。在此基础上,孩子们主动提出要研究下一个节气。探索节气的活动,也鼓动了家长参与其中,增强了亲子间的互动交流。

【实操小贴士】在活动推进的过程中召开班队课《清明时节话清明·问题解决会》,由各小队汇报目前小队遇到的问题。各小队提出问题后,由其他小队共同商讨解决方法,将课堂真正还给学生。当发现孩子们无法解决问题时,老师应当适时介入,引导学生走上适当并安全的探索道路。

温馨提示:由于探索活动大部分是在校外进行的,此时需要有家长在场陪同并引导孩子在安全的范畴中开展探索活动。

第三阶段：总结展示

在活动接近尾声的时候，我们召开了主题班会课《清明时节话清明·总结分享会》，分享彼此在"清明时节话清明"活动中的收获与体会。

1. 语言类展示

清明·颂小队在总结分享会中，将他们汇总成册的《清明辞赋》展示在同学们面前，并将它摆在了班级的图书角以便同学们阅读；举行了清明诗词歌赋背诵大赛和朗诵大赛的颁奖仪式，并邀请了神秘的颁奖嘉宾贺老师和陈老师（以前的班主任们），掀起了总结会的第一波小高潮。

2. 成果类展示

清明·玩小队的队员们拿着他们心爱的风筝出场了，他们在PPT以及活动视频的帮助下，向同学们介绍了如何制作风筝。但是，同学们也提出了自己的问题：这风筝能飞吗？制作风筝的材料从哪里找呢？制作过程安全吗？……小队长耐心地回答了同学们的问题，也承认了他们的风筝目前是飞不起来的，具体的原因还有待查找，希望同学们可以支支招。见此，同学们各抒己见，纷纷献出自己的建议。

3. 表演类展示

伴随着悠扬的古乐，接下来登场的是清明·俗小队，与其他小队不一样的是，他们通过表演的方式进行传统祭祀的分享，将原本枯燥的文字讲述转化成了一场生动活泼的表演，并邀请同学们一同参与演示，做到了言传身教，让同学们在实际活动中学习如何祭祀。除了表演传统习俗之外，孩子们还通过播放视频的方式让同学们参与了一次线上缅怀先烈的活动。

4. 实物类展示

最后隆重登场的是清明·吃小队，他们戏称自己是"吃货小分队"，用队员们的话来说："我们的目标是发掘清明的美食，带着同学们一起走上吃吃吃的道路！"他们通过照片讲述了他们是如何制作馓子的，并大方地向同学们展示了"独门秘方"。在品尝了油炸馓子后，同学们纷纷给出了自己的改进意见：还可以再甜一点，可以更加松脆一点等。小队长都一一应下了，并邀请同学们周末的时候一起再研究。

就这样，在热烈的交流互动中，队员们更加深入地了解了清明文化，探索出祖先以节气辨耕种时间、基于节气变化饮食、基于节气养生等诸多知识。

【实操小贴士】在活动接近尾声时，老师与各小队商议总结分享的方式并进行排练。召开主题班会课《清明时节话清明·总结分享会》，展示孩子们的探索成果。在每个小队进行分享后，由其他小队的同学进行点赞，或者提出疑问，给出更好的活动建议。

三 活动反思与延伸

通过探索清明的活动，孩子们与家长们都反馈收获颇丰。孩子们在小队的互动交流中进一步了解了清明文化，激发了探索节气文化的兴趣；家长们通过活动重拾了对传统节日的重视，在活动中充当着导师的角色，增强了亲子沟通。笔者希望通过开展各种各样的与节气相关的活动，引导孩子们重视我国的传统文化，鼓励孩子们主动探究，培养孩子们的动手操作能力，促使孩子们的主动性、积极性得以发挥。

通过此次活动，笔者愈加发现传统节气在现代生活中的缺失。因此在本活动结束后笔者思考如何结合我校的"校园四季系列活动"将二十四节气融入到日常班级生活中，甄选适宜本班的二十四节气的教育内容，构建班级特色，使内容、教育与主题有机整合，充分发挥其育人价值，让二十四节气教育活动走到孩子们的吃、玩、俗、颂中去。围绕二十四节气，我班将开展系列主题活动：

校园四季系列活动	班级节气系列活动
美丽春天节	春分知识知多少
	探索清明的奥秘
	谷雨时节我成长（一、五年级手拉手系列活动之一）
向上秋天节	少年向上惜秋实（开学系列活动）
温暖冬天节	暖暖冬至节，温暖你我他

在小学教育中融入中国传统的二十四节气文化，无论是对孩子的个人成长，还是对民族文化的传承与创新，都是十分有益的。所以，作为一名小学班主任老师，要不断地总结经验，开展丰富多样的班级活动，让孩子们对二十四节气有更为深入的认识与了解。

（周嘉玲）

主题九：端午粽，劳动美

——5月班级劳动主题特色活动

一 活动策划背景

《关于全面加强新时代大中小学生劳动教育的意见》指出，学校要切实加强中小学生劳动教育工作，更好地培养学生的劳动兴趣，努力把学生培养成热爱劳动、善于劳动的高素质者。加强学生的劳动教育，也是学校育人工作的重要职责。5月的第一天是国际劳动节，这个节日与中国传统的节日——端午节时间上相近。深入挖掘传统节日的教育意义，把端午节和劳动教育结合，是当前学校和班级工作的一个新方向。

（1）常规现状分析：当前中小学生缺乏劳动体验，对劳动的意义和价值认识不深，而学校在劳动教育方面，还只是局限于在校内创设一些劳动场景、比赛等，让学生"浅尝"劳动滋味。同时在劳动节、端午节等与劳动相关的节日活动方面，也仅是让学生停留在动动手上，学生不能充分发挥自主能动性，并没能促动内在的认识和情感。

（2）创新突破性目标：本次活动把五一劳动节和时间相近的端午节结合起来，以劳动教育为切入口，将传统节日教育与学校劳动教育相结合，通过在家和家人学包粽子，再到班级进行包粽子比赛，并把包好的粽子送给环卫工人等活动设计，培养学生的劳动意识和对普通劳动者的崇敬之情，感受劳动创造生活美、劳动创造心灵美的内涵。

二 活动流程设计与实施

第一阶段：策划活动方案

本次活动适合小学中高年级组织，以下以笔者所带班级（三年级）的实践为例。

策划期的第一步便是获得家长们的同意，告知活动的意义，并与家委会共同讨论具体实施的步骤。制订出初步方案后，再由学生讨论本次劳动主题活动的具体环节，听取学生的建议，充分发挥学生的主动性和参与性。

商议后，形成"端午粽，劳动美"的主题活动方案。可以将纸质版打印出来下发给每名学生，确保后续活动顺利实施。（活动简案如下）

活动流程	活动内容及形式	师生活动	补充说明
第一阶段	了解习俗，开设讲堂	师：布置活动任务 生：找资料	家长要对孩子包粽子的方式进行辅助指导
第二阶段	学包粽子，分享劳动体会	生：分享感悟 师：进行点评	对学生包粽子的水平进行考察、指导
第三阶段	班级包粽子比赛	师：组织比赛 生：展示技能	促进学生深入认识劳动的意义
第四阶段	送祝福，感恩劳动者	师：带领学生前往现场 生：给劳动者送粽子	服务社会，传递社会正能量

【实操小贴士】本次劳动主题活动得到了家长的大力支持，家委会起到中间的桥梁和后方的保障作用，成功召开家委会是第一阶段的工作重点。教师在召开家委会之前，要先初步拟好活动构想和商议的重点问题。与家委会商议的过程中要重点落实活动的时间、分组、材料采购、家长义工召集等具体问题。与学生商议的过程也是十分必要的，可以弥补成人的视角忽略的问题。

第二阶段：实施调整

传统节日，了解其中蕴含的文化内涵，是不可或缺的。端午节是我国重要的传统节日，距今已有两千多年的历史，端午节的风俗习惯和文化内涵源远流长。

1. 了解习俗，开设讲堂

端午节传承至今，有哪些习俗大家已经熟知？还有哪些可以去深入了解？让学生通过分组合作搜集整合资料，为全班带来有关端午的更多知识，让大家感受到端午的深厚内涵。

学生开设讲堂的主题有"北方甜粽，南方咸粽""端午节该怎么说祝福""屈原的故事""我家乡的端午节习俗""粽叶的奥秘"等。

2. 学包粽子，初尝艰辛

参与本次活动的学生年龄尚小，大部分学生不懂得包粽子的方法。因此，需要学生向家长学习包粽子的方法，也可以多个家庭为一组，互借学习资源，同时还能了解到不同地方的习俗及包粽子的方法。

家庭操练体验后，在班级开展一次以"包粽子的苦与乐"为主题的分享会，让学生交流在家里包粽子的感受，引导学生认识到，参与到包粽子这项劳动中能让自己收获到劳动的快乐，也能感受到劳动的不易，并进一步明白劳动最光荣。然后让学生利用课余时间，对学校的保安叔叔、环卫工人进行采访，为后续感恩活动做准备。

3. 集体劳动，增强体验

在学生掌握了一些劳动技能后，再在班级组织学生通过包粽子的比赛进行技能展示，提高学生对劳动的体验与兴趣。具体开展要点如下：

（1）道具准备：教师准备好比赛中所用到的材料，包括一定量的蜜枣、粽叶、糯米、粽绳，盆10个，勺子10个，剪刀10把，水桶5个，电热锅2个。

（2）评比规则：比赛分小组进行，每个小组4名学生，共10个小组，每2个小组安排1名家长义工进行协助。比赛开始后，哪个组速度快、质量好、遵守纪律、不浪费材料且场地保持最干净，则评定该组获胜。比赛时间为30分钟。比赛结束之后，教师对不同小组粽子的制作情况进行查看，确定小组名次，并评出若干位"包粽子小能手"，在班级中进行宣布和表彰。

（3）后续环节：班级准备贺卡，组织全体同学写好能够表达出心意的话语。

4. 端午祝福，感恩劳动者

为了提升本次活动的意义，班级包粽子比赛后，除了集体品尝自己的劳动成果以外，我们还将粽子送给学校环卫工人，体现对普通劳动者的尊重。具体操作流程如下：

先以"感恩劳动者"为主题，组织一次班会，引导学生认识到身边那些朴素劳动者的伟大，如播放普通劳动者辛苦的日常和学生采访视频，再组织包粽子比赛中获胜的"包粽子小能手"成立"感恩小队"，把做好的粽子和写好的贺卡送到环卫工人手中。

【实操小贴士】本次活动为"端午节"节点活动，通过做粽子、尝粽子和送粽子，加强劳动实践，增强热爱劳动和尊重劳动者的意识。实际操作中，要注意将学生的动手实践与主题教育有机结合起来，将节点活动与持续性活动结合起来，既要有技能性指导，也要有教育性渗透，这才是本次活动的意义所在。

第三阶段：总结展示

1. 家校联合，深入认识

在开展了"感恩劳动者"的活动后，为了联合家长的力量培育学生的劳动能力，班级可以召开一次家长会，让学生和家长代表在家长会上分享活动体会，引导学生认识到劳动不是在劳动节等相关日子里才进行的，让学生和家长认识到从小养成劳动意识的重要性，以及想学会一项劳动技能需要不断实践和操练。

2. 制作规划，强化技能

让孩子在家长的带领下，根据自己的兴趣和家庭实际情况，制作一周劳动计划表，在家学会基本的家庭生活技能，如扫地、擦桌子、晾衣服，家长做好提醒和奖惩，并通过拍照、录视频等反馈到班级群里。

3. 班级劳动，日常指导

结合学生不会做值日的现象，组织学生进行班级劳动技能强化练习，比如如何擦玻璃、如何把地扫干净等，让学生养成细心、负责的劳动态度。

三 活动反思与延伸

总体来讲，本次活动取得了良好的效果。本次端午节劳动主题特色活动受到了家长和学生的支持与喜爱，家长和学生都广泛参与到了活动的安排与实施过程中。本次活动对于学生成长而言起到了非常重要的作用：本活动不仅仅包括"吃"，还包括"做"和"送"，既让学生通过包粽子这样的劳动培养了动手操作能力，又深化了对劳动的认识，知道了劳动的意义所在，明白劳动创造生活美。最后通过送粽子这样的活动让学生热心公益，奉献社会，在小小的年纪就能传递社会正能量，感受劳动创造心灵美。学生为环卫工人送粽子的活动受到了学生家长和社会的高度评价，也受到了环卫工人们的衷心感谢。

在未来的劳动教育活动开展中，要注意以下问题：

第一，尊重学生和家长的想法。学生是劳动教育的主体，他们对劳动活动是否喜欢直接关系着劳动教育目标的实现。因此，在活动方案制订的初始阶段，教师要与学生进行讨论，确定大体的劳动教学方向和环节，也要倾听学生提出的意见和想法。家长是学生的监护人，在小学阶段，学生年龄较小，校外活动难免具有一定风险，因此要与学生家长进行商议，给出细致的活动方案，让家长能够放心。

第二，劳动教育和思想教育相统一。劳动虽然是劳动教育的主要形式，但是在设计上我们要综合考虑问题，因为理论与实践总是相辅相成的，除了通过具体的劳动技能让学生感受、体验、掌握之外，还要进行一定的情感、态度、价值观的教育，丰富劳动教育的内涵，让学生的身体和心理都能够得到锻炼，实现全面进步。

（康　莉）

主题十：颁奖盛典，嗨翻六一
——班级学年度颁奖盛典

一 活动策划背景

春生夏长，秋收冬藏。夏天，是万物尽放、蓬勃生长的季节。在儿童的记忆里，夏季里最让人期待的节日当属六一儿童节。与其他节日不同的是，六一儿童节是在小学校园里度过的专属于儿童的节日。

显然，六一儿童节具有特殊的教育意义。然而很多的学校在开展六一活动时，歌曲庆典、游园会等千篇一律，为了开展活动而开展活动，忽视了六一儿童节的特殊价值。首先是六一儿童节的本体性价值，即让儿童感受到"节日快乐"；其次是过程性价值，即六一儿童节活动开展前后的学生成长变化以及每一年儿童节活动的成长梯次性；第三是延伸性价值，即六一儿童节活动过后带给学生什么新的成长以让他们感受到"难忘而深刻"。

基于以上背景分析，笔者与三（3）班孩子们讨论决定，以"班级学年度颁奖典礼"为六一活动主题，让班级每一个孩子都是六一儿童节的主角。

二 活动流程设计与实施

第一阶段：调查问卷，分组策划

1. 调查问卷

笔者在所在学校的三至六年级展开了六一儿童节活动意向问卷调查。以笔者所在的三（3）班为例，调查结果表明，相对于文艺汇演，三（3）班的学生更青睐于自主策划开展活动。在此数据的背后，是三年级孩子的典型年龄发展特点：三年级的孩子在熟悉了学校和班级的生活规则之后，自主管理意识逐渐增强，活泼好动，他们有强烈的自主活动的愿望。这也成为了笔者带领班级学生组织六一文艺汇演活动的重要原因，更希望以自主策划开展活动的方式来提升学生的综合能力，使学生有限的儿童节生活里有不一样的难忘回忆。

2. 自主策划

自主策划开展活动，务必让全体学生参与到活动的前期策划准备、过程实施当中来。为了让每一位学生都能有目标、有任务地参与到活动中来，以项目组为单位来开展活动是最合适不过的。

依据班级里固有的小队组织，全班分为了四个项目组，分别是颁奖组、节目组、迎宾组和后勤组。其中，颁奖组和节目组属于台前组，迎宾组和后勤组属于幕后组。各项目组进行策划的首要工作，就是根据活动具体内容确定各组分别负责哪些项目任务。各项目组的具体分工如下表所示：

组 别	负责项目内容
颁奖组	颁奖奖项设计、奖牌样式设计
节目组	节目安排、游戏安排、活动串词、主持人安排
迎宾组	嘉宾邀请、嘉宾座位布置、邀请函设计、迎宾礼仪训练
后勤组	会场布置、美食汇筹备、卫生打扫

确立了各项目组活动任务之后，各小组在组长的带领下开始进行策划。从项目组小方案着手，对项目任务、具体内容、人员安排、探究方式等进行协商安排，让活动任务得以明确。

【实操小贴士】活动的基本单位项目组是活动有序进行的重要保障。在低年段，项目组的组成更多考虑的是以班级长期固定的组织为基本单位，他们有长期的合作基础和默契，在合作自主活动时能降低活动的难度。在中高年段，可以根据学生的实际水平，灵活变化项目组的形式：一是可以依据学生特长爱好、活动需要等成立活动的临时项目组，二是可以根据学生的不同能力设置更多类别的项目组，如由班干部组成活动的统筹组，或由爱好画画宣传的同学组成活动的宣传组等。

第二阶段：分工合作，创新有趣

班级学年度颁奖典礼活动的创新，不仅在于特色项目组的分工，更在于准备过程中协商讨论出的创新性活动项目。学生的这种创新性劳动，一是基于对班级文化的认同与喜爱，二是基于前期班级活动自主参与的积淀。

1. 组织颁奖

孩子们认为，专属于六一儿童节开展的班级独有的颁奖盛典，必须与众不同。在笔者推荐他们观看和借鉴"金曲奖""金马奖"等明星颁奖典礼的经验之后，他们觉得颁奖只颁发给"人"，缺少创意。于是笔者鼓励他们大胆想象新创意。最终，征得全班的同意，颁奖组设计的颁奖颁发对象包含了"人、事、物、空间"，具体奖项详见下表。

颁奖类别	具体奖项
评 人	最可爱的老师、最受欢迎的班干部、最值得我学习的人、最爱劳动的人
评 事	最喜欢的一个班级活动、最难忘的一件事、最有意义的一个小岗位工作
评 物	最喜欢的一个班级公物
评空间	最喜欢的学校/班级的一个角落

颁奖奖牌是另外一个大任务。为了充分实现学生自主策划，让学生充分体验主人翁的身份角色，颁奖奖牌由学生自主设计和投票产生。以班级名称"VIP"（含义为I'm very important，每一个人都很重要）为设计主要元素，颁奖组发动了全班设计班级颁奖盛典奖牌。

2. 节目策划

节目组的主要任务是为颁奖典礼增加节目气氛。笔者引导他们设计节目时，要注意节目的性质动静结合，娱乐且具有一定的挑战性。在明确了节目的基本要求之后，节目组内部又开始分成了小项目组，有负责歌舞表演的，有负责学校文化知识竞赛的，有负责游戏准备的。

3. 礼仪训练

在先前的问卷调查中，有部分学生提及"与爸爸妈妈分享自己的六一儿童节是快乐的"，因此，学生家长、班级的老师、学校的领导都是本次活动邀请的嘉宾，也自然成为迎宾组要负责迎接的重要对象。

确定了迎宾对象之后，迎宾组先后解决了三个问题：第一是邀请函的设计，不同的迎宾群体采用不同形状、色调的邀请函，其中美术老师给了不少建议；第二是嘉宾会场座位的安排，普通嘉宾和颁奖嘉宾要有不同的位置安排；第三是迎宾礼仪的规范，在学校大队礼仪部的帮助下，他们统一着装、统一迎宾语言，完成了迎宾礼仪的系列训练。

4. 后勤保障

六一活动，少不了大受欢迎的"吃吃喝喝"。除了常规的会场准备、后勤卫生打扫之外，美食汇也成为一个重要的环节，并由后勤组负责。以"绿色环保、光盘行动"为原则，后勤组在爸爸妈妈的帮助下，解决了桌布和碗筷的问题。后勤组又准备了一份问卷调查，一是了解同学们的口味喜好，二是了解同学和家长的DIY食品种类。

【实操小贴士】这个活动是以满足学生的自主策划活动的成长需要为前提而进行的，因而在活动过程中要敏感于激发学生的"创造力"。当学生有足够的意识去自主策划开展活动时，学生间会有新想法、新创意的产生、交流和碰撞。此阶段，老师承担的角色是合作伙伴，一个是聆听学生的想法并且继续激发学生大胆想象；另一个是及时介入，制造互动交流的氛围并且在适当时机给予赞同与支持。

第三阶段：协调交流，展示风采

经过了充分的项目组内部策划准备，各项目组基本完成了项目组内部的活动任务，于是到了班级层面协调统筹的阶段，各项目组之间的活动内容如何衔接搭配？各项目组有没有需要其他组别协助解决的困难问题？这成为"班级阶段协调会"要交流的重点。

1. 项目总结

阶段交流会的第一层目的，是了解各项目组的任务完成进度和完成质量。因而，实践过后的各项目组成员，需要进一步进行交流，总结活动准备情况，凝练梳理项目组活动经验，并且提出尚未解决或需要全班进行协调的各个问题。

2. 多元汇报

受汇报时间所限，汇报过程需要技巧，PPT总结、海报手抄报宣传、调查数据说明等成为多元汇报的方式，尽可能地让项目组各成员都参与到汇报过程中来。

3. 互动点评

互动交流，一是为了协调活动遇到的困难，二是为了达成互相学习。通过项目组的自我分析、总结反思，学生能从项目组内、项目组间学习到同学们活动中的亮点和经验，也能从对方口中获得解决问题的新创意、新想法，进而内化提升实践活动的能力。

4. 统筹规划

在阶段问题解决会上，各项目组讨论了活动时长、颁奖顺序、环节安排流程、会场具体布置等问题。在此过程中，各项目组组长组成本次活动的统筹团，汇总了各项目组的问题与解决建议，最终梳理形成了班级学年度颁奖盛典的活动方案。

5. 颁奖展示

从前期策划到现场颁奖，班级学年度颁奖盛典均由学生自主筹备和组织，活动现场表现出非常活跃且欢乐的氛围。学生既感受到了颁奖典礼带来的个人荣誉感和班级荣誉感，也感受到了参与活动全过程的成长感。

【实操小贴士】在此环节中，教师要制造互动点，即要通过对倾听汇报环节和交流环节的明确要求，将活动的已有资源转变为现场的动态教育资源，以促成浓厚的交流互动氛围，引导学生思考学习。同时，还要注意活动嘉宾与学生的沟通互动。对于学校领导而言，他们通过班级活动来感受班级的向心力；对于家长而言，这是一个充分了解、融入学生班级生活的好时机。因此，即使到了现场组织的环节，老师也依然要将舞台给予孩子去充分地表现自己的班级精神和综合能力。

三 活动反思与延伸

　　孩子们以学年度颁奖盛典的方式，为班级学年的结束画上一个完美的句号，为夏天的葱郁增添了一抹成长的力量。

　　这种力量，体现为学生的策划能力。在策划活动方面，要重视活动目标的清晰和对活动过程的整体建构；在活动实施方面，重视项目组之间的分工与合作；在活动过程中重视动态调整，如对活动过程的时间把控、活动板块的衔接等。同时，还要重视项目组内部、项目组之间、师生之间的沟通、配合以及互相支持，而学校的支持、学科老师的介入、家长的参与等多元力量的整合，会成为学生于活动中成长的重要教育资源。

　　这种力量，也体现为生命的成长力。颁奖典礼本身就对应了学生一年以来的班级生活成长，他们只有对自己的学年生活进行回顾、总结，才能选出自己心目中的"年度最佳人选"；同时，顺应了"春生夏长"的自然生命成长节律，学生在活动里长能力——长策划组织能力和动态协调能力。

（刘丹妮）

主题十一：快乐暑假，安全自护
——"防溺水安全教育"班级特色系列活动

一 活动策划背景

安全教育作为学校的常规活动之一，其重要性不言而喻，其中防溺水安全教育更是要常抓不懈。据权威统计显示，我国每年因为溺水身亡者已经达到57000人，其中中小学生占65%！每年7月份，天气燥热难耐，做好防溺水教育成为了班主任工作的重点。

近年来，上自教育部，下至学校层面，给家长、学生发放公开信、告知书等不计其数，对学生的防溺水教育可以说无孔不入，学生对此已经产生了一定的"免疫力"，在炎热夏日仍旧很难抵挡住水的诱惑。

笔者所带班级的学生，主要是来深圳务工人员的子女，家长从事的大多是劳动密集型工作，缺乏陪伴和教育孩子的时间，对孩子的安全教育意识也较为薄弱。作为班主任，笔者把安全教育作为每日常规工作来落实，但是暑假期间，学生长时间待在家中，校内安全教育的效用难免会打折扣，具体表现是有一些家长放任孩子去一些小湖小河边玩耍，而且不加提醒和看管，存在溺水的安全隐患。这样的情况，在现今很多双职工家庭普遍存在，是学校和班主任尤为担心的问题。

笔者就班主任在防溺水安全教育中普遍面临的难点和痛点，开展积极探索，立足以学生为主体，从多方力量、多种形式、多个角度出发，进行防溺水安全教育"微创新"，让常规活动变成有特色的班级活动。

二　活动流程设计与实施

第一阶段：了解班情，做好规划

一切从实际出发，学生的现实需要是班级开展各种活动的立足点和出发点，防溺水教育亦是如此。开展班级防溺水安全教育，需首先全面了解班级学生在防溺水教育方面的现状、需求和问题。

1. 问卷调查，了解班情

笔者所带的班级，家长多为务工人员，无暇顾及孩子的安全教育，学生课余生活单调，加之居住条件简陋，一到夏天高温难耐，防溺水教育的工作格外重要。为此，在6月末即暑假到来之前，笔者就设计了暑假生活家庭问卷，调查班级学生暑假的去向，发现存在溺水隐患的地方，了解家长的监管是否到位、知晓所在社区街道是否有防溺水教育的宣传等信息，力图找到班级防溺水教育的短板和死角，便于之后有针对性地开展活动。（附问卷）

暑期防溺水安全教育家庭问卷

为了让孩子度过一个快乐安全的暑假，请家长带着孩子认真完成此份问卷，每一个问题都需要家长和孩子一起作答。谢谢您的合作！

1. 暑假孩子的去向是：（　　）

　　A. 和家长待在深圳　B. 回老家，和祖辈待在一起　C. 托管机构

2. 孩子会游泳吗？（　　）

　　A. 会，已经熟练掌握　B. 正在学习，或有学习意愿　C. 不会，不感兴趣

3. 暑假孩子所住地周边有无危险水域？（　　）

　　A. 有　B. 没有

4. 暑期孩子一般去哪里游泳？（　　）

　　A. 正规的游泳馆　B. 当地池塘、河流、海、水库

　　C. 没有关注，不知道在哪游泳

5. 是否了解落水后的自救急救措施？（　　）

　　A. 家长、孩子都了解　B. 家长了解，孩子不了解

C. 家长、孩子都不了解

6. 所在的街道或社区是否开展过防溺水安全教育的专题宣讲？（　　）

　　A. 有　　B. 没有

7. 在假期里家长对孩子的溺水安全有特别监护吗？（　　）

　　A. 有　　B. 没有

8. 是否有制订暑期生活规划的习惯？（　　）

　　A. 有　　B. 没有

关于暑期孩子的防溺水安全教育，你对班级有什么意见和建议？

2. 结对守护，制订计划

开展暑期"安全守护天使"结对的活动，让学生两两结对，互为对方的守护天使。同时，安排学生和家长一起合理规划暑假生活，科学制订暑假生活计划，避开有安全隐患的活动和地区。计划一式两份，学生自己一份，给自己的守护天使一份，进行相互监督和守护。

3. 以组带班，立体宣传

将班级学生按照组间同质、组内异质的原则分为若干学习小组，以小组为单位去完成防溺水安全教育的自我教育，如布置小组去完成这些任务：搜集暑期发生的溺水新闻事件、分析中小学生发生溺水事故的原因、提出增强学生暑期防溺水意识的建议等。再通过汇报会、知识竞赛、制作溺水自救知识手册、征集防溺水要诀顺口溜等形式，让各小组展示任务完成情况，进行评比。以组带班，让每一个学生都主动去了解防溺水安全教育的知识和讯息，以自主行动代替教师说教，让防溺水安全知识内化于心，外化于行。

为了进一步突破防溺水安全知识"灌输式"的教育，笔者以辩论赛的形式，创设情境，充分调动学生自主探索、收集资料、进行观点表达的积极性。围绕"溺水该不该救人"的辩题，学生认识到了中小学生溺水的原因大致有以下几种：好奇心促使下水；为逞能而冒险；泳技不好；水情不熟；潜水时间过长引发休克、抽筋；一人落水多人不恰当施救导致群体溺亡；等等。这些原因反映出小学生对水的危险性认识不足，对生命的理解不深刻，缺乏游泳技巧，缺乏水中自救、救人的基本技能技巧。针对这些原因，学生进一步明白掌握好游泳技能可以有效地避免溺水安全事故，学会游泳成为了学生的共同目标。

【实操小贴士】准备阶段是班主任做好学生防溺水教育的前期工作，全方面掌握学生暑期动向，预估暑期防溺水安全教育的重难点，并提出对策的时期。在这一阶段，班主任要尽可能地创设情境和条件让学生去感受防溺水安全教育的重要性，同时要充分发挥学生自主探索、自我教育、同伴合作互助的能力，使防溺水教育更细致、更有效地深入学生心中，进而让学生深刻认识到防溺水的重要性，增强防溺水意识，筑牢安全防线。

第二阶段：把握节奏，松紧有度

暑假开始后，防溺水教育主要由学校转移到家庭，此阶段班主任要扮演的就是统筹者和指导者角色。

1. 制定公约

在暑假中，布置一项亲子作业：父母与孩子共同关注新闻中的溺水事件，在家庭中展开讨论，制定一份防溺水家庭公约。

2. 分层指导

调查结果显示，笔者所在班级学生暑假去向主要有三种情况，相应地给学生和家长提出不同的安全指导建议（如下表所示）。

类型	学生暑期去向	家长如何配合	反馈形式
类型一	学生独自回老家，由祖辈亲戚照管	1. 监护人学习防溺水注意事项 2. 签订防溺水"六不要"约定 3. 学习并张贴注意事项和约定	安全汇报接龙
类型二	与父母一起回老家，由父母亲自照管	尽量不带孩子去有溺水危险的地方，去则必陪同	每周日完成班级群里的安全周汇报接龙
类型三	学生留深父母上班，自己在家无人看管	帮孩子制定好假期作息时间和学习安排，了解孩子在家的活动，做好监管	每周日完成班级群里的安全周汇报接龙

另外，笔者鼓励家长在班级群分享暑假生活照、游泳阶段性成长总结和

照片，及时进行表彰，并叮嘱注意事项，运用班级氛围达成监督的作用。鼓励条件具备的家庭，结伴学游泳，掌握一些溺水急救自救知识和技能。条件不具备的家庭，可以通过示范、观看视频与图示等途径让学生在家里模仿溺水自救和互救动作。

3. 学习打卡

由中国教育学会搭建的学校安全教育平台，是一个面向中小学生及家长的安全知识学习和安全信息传递的平台。该平台知识全面、权威、更新及时且免费，非常适合学生家庭的安全教育。动员家长和学生学习和参与该平台上的防溺水活动，并采取打卡和表扬先进的方式，消除学生家庭中防溺水知识的"死角"和溺水自救互救技能的"短板"。

【实操小贴士】实施阶段学生已经离校，班主任通常会鞭长莫及，再加上学生在暑假期间去向不同，难以用同一种方式开展溺水安全教育，破解之法就是班主任充分利用家长的监管和教育作用，形成亲子间的安全公约和学习氛围，班主任主要是进行全面统筹、过程监控、成果反馈。

第三阶段：回顾总结，形成常规

通过暑假家校的联动，学生基本都会掌握一定的防溺水知识和溺水自救互救的基本技能。在防溺水安全教育的过程中生成了各类形式的展示方式，一方面让学生展示所学，提升其自信心和积极性；另一方面巩固其所学，增强防溺水的意识和溺水自救互救的能力。

1. 网络展示

在暑假末期，班主任联合家委会力量，策划一次游泳视频网络展示和溺水自救援救知识技能展示，请专业人士来进行指导。

2. 情景体验

以小组为单位，选择暑期生活中了解到的溺水事故或防溺水相关资讯，创编情景，在班级进行排练和演出，评选出"最佳安全小卫士"，强化学生的感受和认识。

3. 宣传倡议

通过组织学生实地寻找上下学路上溺水的安全隐患，让学生做到心中有数，同时要求家长如果周末带孩子到一个不熟悉的地方，要先带孩子去熟悉一下周边的水域环境，提醒可能存在的溺水安全隐患。

利用制作的防溺水宣传手册，以小组为单位，组建防溺水宣传队伍，让学生走进社区、走上街头，向社会宣传防溺水知识，同时发出呼吁和倡议，建议国家和政府修建和开放更多的游泳池，推出学生假期的优惠套餐，让大部分学生能有条件到正规游泳池游泳。这样也可以培养学生的社会责任感。

【实操小贴士】暑期结束，学生返校开始新学期的生活，并不意味着可以放松防溺水教育，反而要"趁热打铁"，总结巩固，帮助学生形成防溺水自我教育。为此，班主任可以在期初开展一些巩固学生防溺水知识和技能的活动。开展这类活动，要注意赋予学生有"使命感""荣誉感"的身份，还可以进行承诺、宣誓，如制作一些卡牌，如"游泳小教练""防溺水宣传大使"，进行"珍爱生命，预防溺水"的宣誓和签名仪式，把有学生签名的标语悬挂在班级显眼位置，并在社会实践活动中打出签名的横幅，让学生看到自己的承诺，时刻提醒自己并获得使命感。

三 活动反思与延伸

班级防溺水教育，按照以上方案进行实施和创新，不仅可以消除学生和班主任对于以往程序化的安全教育的枯燥感，还可以让学生化被动受教为主动学习，减轻班主任在安全教育方面的压力，形成螺旋式上升的防溺水自主教育循环。

每年暑期到来时，国家教育部门都会下发文件，要求学校及教师们做好防学生溺水事故、落实学生安全教育工作，每个学校都让学生牢记防溺水安全教育的"六不"：不私自下水游泳；不擅自与他人结伴游泳；不在无家长或教师带领的情况下游泳；不到无安全设施、无救援人员的水域游泳；不到不熟悉的水域游泳；不熟悉水性的学生不擅自下水施救。班级开展防溺水安全教育微创新，必须建立在落实好了教育部门、学校的相关要求的基础上。

防溺水安全教育常规活动的创新之处，就在于让学生亲自去实践和体验，获得一个安全、有效的体验环境，除了学校层面提供的条件，班级可以进行教育活动形式创新、实施主体创新等，利用班级的学习小组、家长资源、社会公益活动和设施，变安全知识的灌输为学生主动学习和输出，提升趣味性和实效性。

同时，班主任要认识到安全教育包括很多方面，防溺水安全教育只是其中一个方面，这要求班主任不仅要把防溺水安全教育工作做好，也要以这个方面为迁移点，做好各方面的安全教育，如低年段学生的居家用水、用电、用火安全，高年段的出行交通安全等，让学生的安全教育不留空白和死角，成为班级常规性创新活动。

（王　琼）